NARUTO
47
四代目火影
LE SCEAU BRISÉ !!
masashi kishimoto
岸本斉史
kana
* HOKAGE LE

PERSONNAGES PRINCIPAUX

NARUTO UZUMAKI

KAKASHI HATAKE

SAÏ

TSUNADE

SASUKE UCHIWA

SAKURA HARUNO

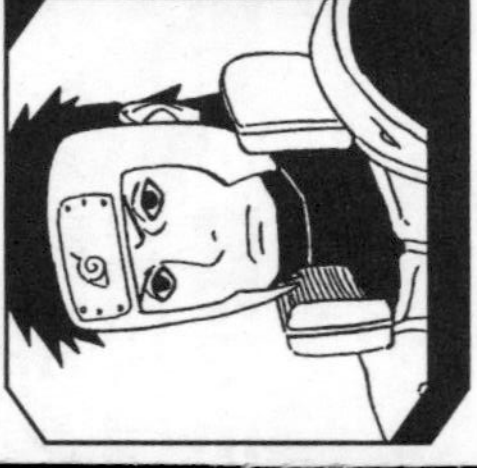

YAMATO

JIRAYA

RÉSUMÉ DES ÉPISODES PRÉCÉDENTS

En compagnie de Sasuke et de Sakura, Naruto, le pire garnement de l'école des ninjas du village caché de Konoha, est devenu un ninja. Ensemble, ils ont appris de nombreuses techniques, mené de nombreuses batailles, et fait de grands progrès. Mais le jeune Uchiwa n'a jamais pu renoncer à son désir de vengeance. Séduit par le pouvoir que lui a proposé Orochimaru, il a décidé de quitter Konoha pour aller rejoindre le clan de ce funeste renégat.

Deux années se sont écoulées depuis, durant lesquelles Naruto et ses compagnons de Konoha ont poursuivi leur formation. Ils sont désormais au premier rang de la lutte contre Akatsuki, une organisation secrète qui cherche à s'emparer du pouvoir des Bijûs.

De son côté, Sasuke, qui vient de se venger d'Itachi, apprend les réelles motivations de son aîné et ce qui l'a poussé à massacrer le clan familial. Bouleversé, le jeune Uchiwa décide de faire cause commune avec Akatsuki pour atteindre son nouvel objectif : l'anéantissement de Konoha !

Pain, le leader d'Akatsuki, bien décidé à capturer Naruto, lance un assaut effroyable sur le village des Feuilles. Naruto, qui se trouvait au mont Myôboku, revient d'urgence et découvre un champ de ruines. Il se jette alors dans la bataille et tient tête à ce formidable ennemi qu'est Pain grâce à sa maitrise nouvelle du Senjutsu... Mais pour combien de temps ?!

NARUTO

47

sommaire

433e ÉPISODE :
L'ÉCHEC DU SENJUTSU...?!
MÊME EN MODE ERMITE, JE NE PEUX LANCER QUE DEUX ORBES SHURIKENS...
DONC, IL NE ME RESTE QUE QUATRE ESSAIS POUR ME DÉBARRASSER DE CES DEUX-LÀ.
HH
HH
CHÉRI ! LE PETIOT N'EST PLUS EN MODE ERMITE !
JE LE VOIS BIEN !
TAMP,
ON N'A PLUS LE CHOIX : IL FAUT TENTER UNE FUSION AVEC LUI, QUELS QUE SOIENT LES RISQUES !
CE N'EST MALHEUREUSEMENT PAS POSSIBLE...
À MOI DE JOUER, MAINTENANT.
DASH

QU'EST-CE QUE TU RACONTES ?!
C'EST KYÛBI QUI TE REJETTE ?!
OUI, JE CROIS BIEN...
ALORS, QU'EST-CE QUE TU COMPTES FAIRE ?
C'EST NARUTO QUI A TROUVÉ LA SOLUTION.
ET IL VA LA METTRE EN OEUVRE !
TOMP !
CHOK
TAMP

SALE MOUCHE-RON !
TAMP !
PAF !
BADA
BADA
TAMP
STAP
!
FROL FROL
TAMP
ET MINCE !
TAMP

DASH
PAR ICI, NARUTO ! BALANCE-MOI LE PARCHEMIN ! JE VAIS LE FAIRE !
FWOP
FWAM
BASH !
AMÈNE-TOI !!

PAM
PAM
PAM
TOMK
ECARTE-TOI, GAMIN !
JE M'OCCUPE DE LUI !
NON, JE VAIS REPASSER EN MODE ERMITE ! RECULEZ, VOUS AUTRES !
JE NE VOUDRAIS PAS QUE L'ORBE SHURIKEN VOUS BLESSE !
SRASH
NE JOUE PAS LES DURS, TU VEUX ?

* PERSONNE.

POOF
POOF
ÇA Y EST, JE L'AI APPELÉ ! TU PEUX ANNULER TON SORT !
POMK !
TAMK !
POOF
FWOSH
BRITCH !

CHONK
KRASH
BRALAM
EFFEC-TIVEMENT, C'EST TRÈS INGÉNIEUX !
GTAP
EN FAIT, LE PETIT NARUTO PRÉPARE SES CLONES À L'AVANCE.

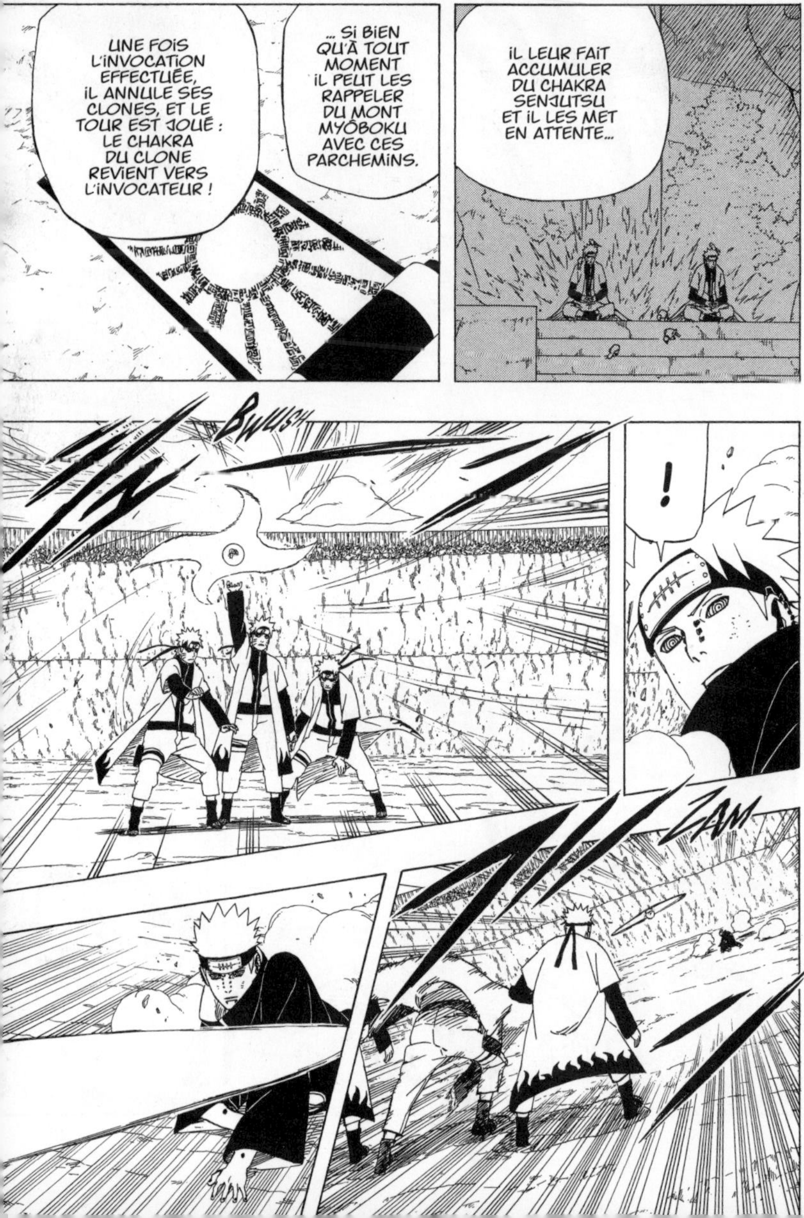
IL LEUR FAIT ACCUMULER DU CHAKRA SENJUTSU ET IL LES MET EN ATTENTE...
... SI BIEN QU'À TOUT MOMENT IL PEUT LES RAPPELER DU MONT MYÔBOKU AVEC CES PARCHEMINS.
UNE FOIS L'INVOCATION EFFECTUÉE, IL ANNULE SES CLONES, ET LE TOUR EST JOUÉ : LE CHAKRA DU CLONE REVIENT VERS L'INVOCATEUR !
!
BWUSH
ZAM

TAMP
BZUM
?!
ZUM
CE TYPE ?!

BZUUUM
BZUUUM
FFFF
CE TYPE, C'EST CELUI QUI ASPIRE LE CHAKRA ET QUI FAIT AVORTER LES SORTS !
J'ÉTAIS POURTANT SÛR DE L'AVOIR ABATTU TOUT À L'HEURE.

* ROI.
QU'EST-CE QUE C'EST QUE CETTE CRÉATURE ?
APPAREMMENT, C'EST CE MONSTRE QUI DÉTIENT LA CLEF DE L'ÉNIGME !
BLUSH...
FUKASAKU DISAIT BIEN QUE PAIN SAVAIT RESSUSCITER LES MORTS.
OUI, ET C'EST CELUI-LÀ QUI POSSÈDE CETTE CAPACITÉ.
ÇA EXPLIQUERAIT POURQUOI IL SE TIENT LE PLUS EN RETRAIT...
... QUAND ILS ADOPTENT LA FORMATION DE COMBAT.
MAIS CELUI QUI POSE LE PLUS DE PROBLÈMES, C'EST LE PAIN DE GAUCHE...
IL PEUT REPOUSSER TOUT TYPE D'ATTAQUE, ET ATTIRER À LUI LA MATIÈRE !
IL N'A PAS ENCORE UTILISÉ SES POUVOIRS CONTRE TOI. ET ÇA AUSSI, C'EST ÉTRANGE...
PEUT-ÊTRE QUE, MOMENTANÉMENT, IL NE PEUT PAS LE FAIRE, POUR UNE RAISON OU POUR UNE AUTRE ? QUI SAIT ?
ZUP!

STAM
EN TOUT CAS, JE DOIS D'ABORD ÉLIMINER CELUI DU FOND ! ET VITE FAIT !
FWAP
LES BOMBES FUMIGÈNES AVEC !
KIII
BIEN !
ZRASH
POOF
!!
ZRASH
!

BOOF
ZWUSH
?!
BZUM
POOF
UNE MÉTAMOR-PHOSE !

CHOMF
SBOOF
!
CETTE FOIS, JE TE TIENS !
TU NE POURRAS PAS L'ÉVITER !

SFASH
J'AI ENFIN RECOUVRÉ MES POUVOIRS.
ドサッ
SDOBAM
IL L'A REPOUSSÉ !
KLANK !
ドドドド
ZOOOO

CHOMK
SEN-JUTSU ! FURIE DE L'ORBE !!!
QUOI ?

434e ÉPISODE :
NARUTO VS TENDÔ !!

NARUTO

SDOBAM
OUi !
EXCELLENT, PETIT !!

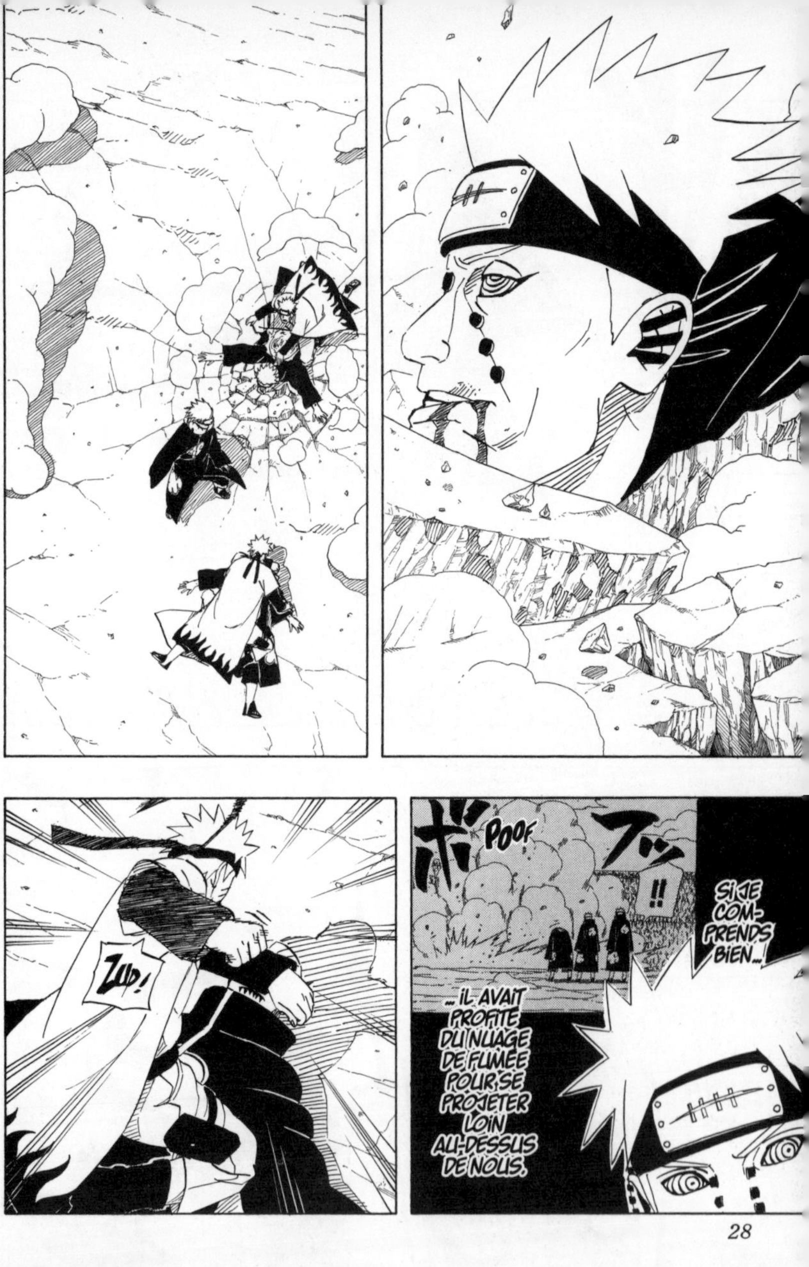

POOF
!!
SI JE COM-PRENDS BIEN...
... IL AVAIT PROFITÉ DU NUAGE DE FUMÉE POUR SE PROJETER LOIN AU-DESSUS DE NOUS.
ZUP!

TAMP
FWUP!
FWUP!
ÇA VA ÊTRE JUSTE...
TZAM

TAOW
RÉPULSION CÉLESTE !
KRONK
BAM
BRALAM
SBAM
POOF

ÇA VA ?
PAM!
PAM!
OUAIS...
ZWUSH
ZLASH

VRAM
STAP !
ET MERDE ! C'EST QUOI, CETTE TECHNIQUE ?!
LE PAIN DU CENTRE A RÉCUPÉRÉ SES POUVOIRS, SEMBLE-T-IL.
BLUSH...
ON PENSE QUE C'EST AVEC ÇA QU'IL A DÉVASTÉ LE VILLAGE.
IL EST TRÈS PROBABLE QUE PLUS IL SOLLICITE CETTE TECHNIQUE AVEC VIOLENCE...
... PLUS IL DOIT ATTENDRE AVANT DE POUVOIR LA RÉEMPLOYER.
ÇA EXPLIQUERAIT POURQUOI IL ÉTAIT INACTIF JUSQU'À PRÉSENT.
QU'EST-CE QUE JE VAIS FAIRE...
... SI LE NINJUTSU ET LE TAIJUTSU NE MARCHENT PAS ?

CHÔJI NOUS A COMMUNIQUÉ UNE INFORMATION CRUCIALE.
CE PAIN-LÀ DOIT ATTENDRE AU MINIMUM CINQ SECONDES AVANT DE POUVOIR RÉUTILISER SA TECHNIQUE.
IL FAUT FRAPPER PENDANT CET INTERVALLE. IL N'Y A PAS D'AUTRE SOLUTION.
CINQ SECONDES, C'EST COURT...
IL FAUT LE TROMPER AVEC UNE ILLUSION ; C'EST NOTRE SEULE CHANCE.
COMME LORS-QU'ON L'A AFFRONTÉ AU VILLAGE DE LA PLUIE.
ET COMMENT ON VA S'Y PRENDRE ?
JE SUIS INCAPABLE DE FAIRE DU GENJUTSU !
ON S'EN CHARGE.
RÉPULSION CÉLESTE !
TZAM

PAOW
BWARGH !
GWOGH !
URF !
BWORGH !
VRALAM
GAMA BUNTA !!
KRAGH
URGH !!

ズドズドー
TRAAASH
ズガン
BROAM
バシャーン
SPLASH

HEIN ?
MAIS QU'EST-CE QUI SE PASSE AU JUSTE ?
NARUTO EST EN TRAIN D'AFFRONTER PAIN LUI-MÊME.
NOTRE NARUTO ?
EN TRAIN D'EN DÉCOUDRE...
... TOUT SEUL ?!
EXAC-TEMENT. ET IL DEMANDE À LE RESTER.
J'CROIS QU'ON DOIT LUI FAIRE CONFIANCE, ET C'EST TOUT... OUAIP.
OUAF !

C'EST NARUTO ! IL N'Y A PAS DE DOUTE !
TU DISAIS LA VÉRITÉ !
IL EST SEUL...
NON, HINATA ! IL NE FAUT PAS !
MAIS IL EST EN TRAIN DE SE SACRIFIER POUR LE VILLAGE...!
STAP
CETTE LUTTE NOUS DÉPASSE.
TU NE FERAIS QUE LE METTRE EN DIFFICULTÉ.
NARUTO...
GNUP...

SALETÉ ! MÊME LES GRANDS CRAPAUDS, IL LES A BALAYÉS D'UN REVERS DE LA MAIN !
IL FAUT QU'ON LANCE NOTRE SORT DE GENJUTSU SANS TARDER, MAINTENANT.
SACHE QUE ÇA VA DEMANDER UNE ÉNORME QUANTITÉ DE CHAKRA SENJUTSU.
DONC, IL TE FAUDRA PATIENTER AVANT QU'ON PUISSE L'EXÉCUTER.
MOI, JE VAIS ESSAYER DE LE FRAPPER PENDANT L'INTERVALLE DE CINQ SECONDES !
COMMENCEZ DÈS QUE VOUS AUREZ MALAXÉ ASSEZ DE CHAKRA !!
ATTENTION ! IL NE TE RESTE PLUS QU'UN CLONE CHARGÉ D'ÉNERGIE NATURELLE.
QUAND CETTE DERNIÈRE RÉSERVE SERA ÉPUISÉE, TU N'AURAS PLUS RIEN À MALAXER EN COMBAT.
TU N'AURAS ALORS PAS PLUS DE CINQ MINUTES EN MODE ERMITE.
C'ÉTAIT UNE EXCELLENTE TROUVAILLE DE LA PART DE NARUTO...
MAIS POURQUOI AVOIR ENGAGÉ SI PEU DE CLONES DANS CETTE TÂCHE ?
CE N'EST PAS AISÉ. C'EST COMME SI ON TE DEMANDAIT DE REGARDER À DROITE ET À GAUCHE EN MÊME TEMPS.
ON A DIVISÉ LES TÂCHES, MAIS LA PRODUCTION DE CHAKRA SENJUTSU RESTE TRÈS DIFFICILE.
DEUX CLONES MOBILISÉS POUR CETTE MISSION, C'EST LE GRAND MAXIMUM.

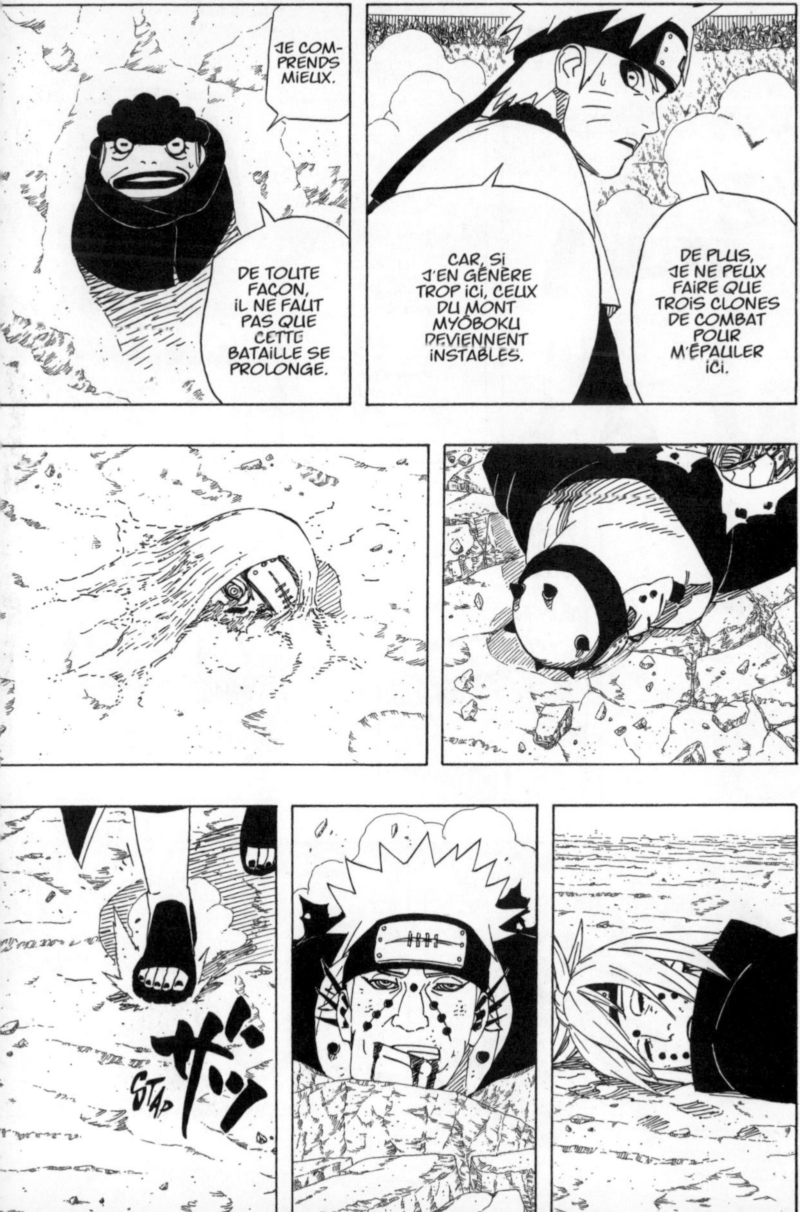
DE PLUS, JE NE PEUX FAIRE QUE TROIS CLONES DE COMBAT POUR M'ÉPAULER ICI.
CAR, SI J'EN GÉNÈRE TROP ICI, CEUX DU MONT MYÔBOKU DEVIENNENT INSTABLES.
DE TOUTE FAÇON, IL NE FAUT PAS QUE CETTE BATAILLE SE PROLONGE.
JE COMPRENDS MIEUX.
STAP

TU ES FORT, C'EST CERTAIN. C'EST LA PREMIÈRE FOIS QUE PAIN EST MALMENÉ À CE POINT.
?
ZUP
MAIS, VOIS-TU...
BANSHÔ TENIN ! ATTRACTION CÉLESTE !
ZUP !
!
ZUP !
FWAM

TUMP
... TON PARCOURS S'ARRÊTE ICI.
GATCH
DÉSOLÉ, NARUTO, MAIS TU VAS DEVOIR T'ACCROCHER !
NARUTO !

RASSURE-TOI, JE NE VAIS PAS TE TUER.
PAS TOI, MON PRÉCIEUX RÉCEPTACLE.
HÉ HE...
SI TU CROIS ME FAIRE MAL COMME ÇA...
JE PENSE QUE TU SOUS-ESTIMES L'ART DES ERMITES ! CETTE FOIS, TU VAS VOI...
?!
JE L'ADMETS...
C'EST UN OS.

HEIN ? MES FORCES ME QUITTENT TOUT À COUP.
WOOOOOOOOOO
JE VOIS, C'EST LUI...
IL ASPIRE... MON CHAKRA SENJUTSU !
BLOM !
KYÛBI EST CAPTURÉ.

“ 10 ANS DE NARUTO ” : PROJET N° 1

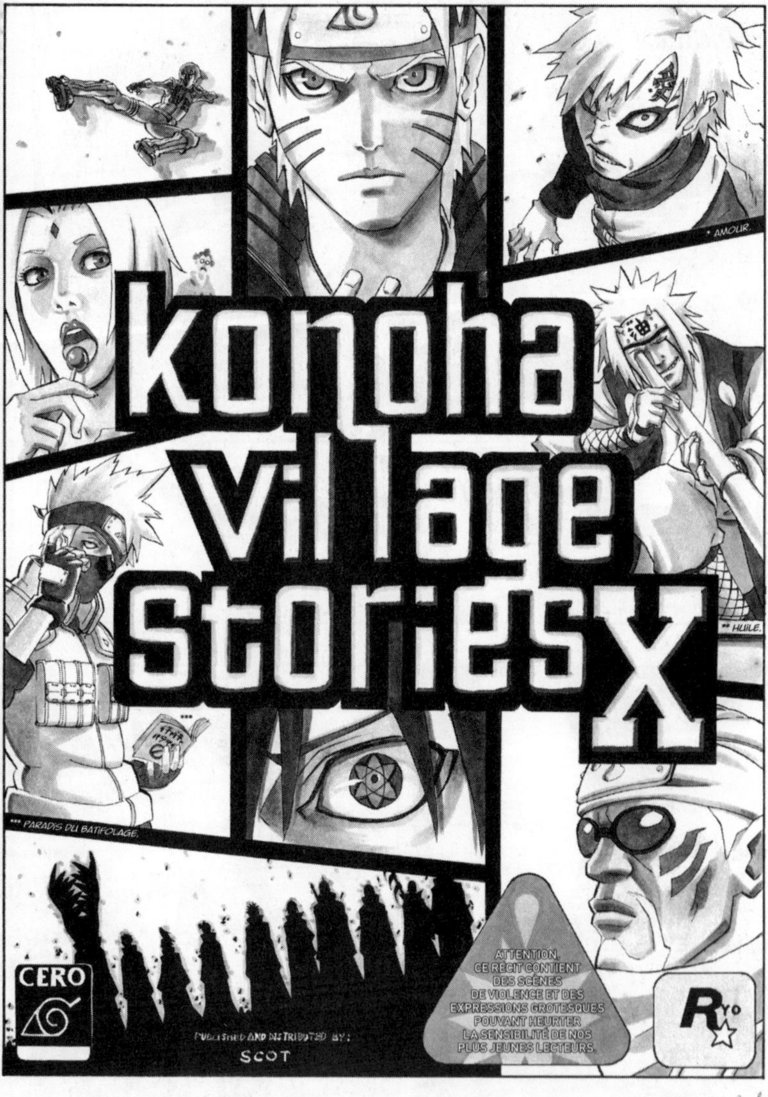

* KONOHA.

J'AI PAS ENCORE DIT...
... MON DERNIER MOT !
TU ES PLUTÔT CORIACE.
WOOOOO...
TIENS BON, NARUTO !
...!

JE VOIS, IL M'A PARALYSÉ...
BAH ! ÇA TOMBE BIEN !
SHP
スーッ..
WOOOOO
ズズズズ
WUP !...
WOOOO
ズズズズ
FFFF
ザス
HM !
KZUM

BZUUUM
?!
?!
PAS ÉVIDENT DE MANIPULER L'ÉNERGIE NATURELLE, HEIN ?!
PRAC PRAC !

?!
CRIIIC...
PRIIIIC
COM-MENT ?
MAIS OUI !
NARUTO EST EN TRAIN DE DÉVERSER DU CHAKRA SENJUTSU DANS LE PAIN, ET IL EST EN TRAIN DE SE CHANGER EN GRENOUILLE !
GNUP
!

PRIIITCH
RAAAH !
LE CHAKRA SENJU-TSU...
J'IGNORAIS QU'IL COMPORTAIT UN RISQUE SI GRAND.
TE VOILÀ SEUL MAINTENANT.
HH
HH
HM... PAS VRAIMENT, NON.
?
BZUUUM

QU'EST-CE QUE ÇA VEUT DIRE ?
BLUSH...
CES PAIN NE SONT QUE DES PANTINS.
QUELQU'UN LES MANIPULE DANS L'OMBRE.
?!
ZUP!
BON !
C'EST PARTI, CHÉRIE !
ENTENDU !
?!
KZAM
TOING
OUOH !!
?!
PAPI GRENOUILLE !!

CHERi !
VOS PETITS
TOURS ME
FATIGUENT !
ZLASH

SHIKA-MARU !
?!
!
INO ! TU ES INDEMNE ?!
HM...
STAP
MAIS PAS SHIZUNE, HÉLAS...
QUOI ? QUE LUI EST-IL ARRIVÉ ?

MALE-
DICTION !
TOUS
MES OS
SONT
BRISÉS !
ÇA FAIT
UN MAL
FOU !
コポポ…
BLUB
BLUB

JE VOIS... C'EST TERRIBLE...
SI J'AVAIS ÉTÉ PLUS ATTENTIVE...
... ÇA NE SERAIT PAS ARRIVÉ.
IL NE FAUT PAS QU'ELLE SOIT MORTE EN VAIN...
IL NOUS FAUT ÉLUCIDER LE MYSTÈRE PAIN, COMME ELLE S'Y EST EMPLOYÉE JUSQU'À SON DERNIER SOUFFLE.
ON NE VERSERA PAS DE LARMES AVANT D'AVOIR IDENTIFIÉ L'ORIGINAL.
SHIKAMARU... TU POURRAIS ÊTRE MOINS RUDE.
NON, TON FISTON A RAISON.
CE QUE NOUS DEVONS FAIRE, C'EST DÉFINIR LA POSITION DU VRAI PAIN AVEC EXACTITUDE ET LE TRAQUER.
INOI-CHI...
QUELQU'UN DE TA TREMPE DOIT BIEN ÊTRE CAPABLE DE PERCEVOIR LE CHAKRA ENNEMI ET DE REMONTER À SA SOURCE ?!
J'AI BIEN ESSAYÉ...
... MAIS L'ENNEMI CHANGE SANS CESSE DE FRÉQUENCE. IMPOSSIBLE DE LE LOCALISER.

ÍL EST TRÈS DOUÉ.
KRSHH
CHÉRiii !
TU VAS MORFLER, ORDU...
FUP!
FWAM

!
!!
BLASH !
KRASH
GATCH
BLISH
ATTRAC-TION CÉLESTE !
HUNG !
KZAM

KRONK
UURGH !
CHOPF
FWUSH
VRUL
GWARGH!
SDOBAM

GULP
J'ESPÈRE QUE TU VAS TE TENIR UN PEU TRANQUILLE COMME ÇA...
... KYÛBI ?

UUUGH...
...
MAIS T'ES QUI ?
HEIN ? T'ES QUI AU JUSTE ?
ET POURQUOI TU FAIS TOUT ÇA ?!
POURQUOI ?
LA VIE EST AINSI FAITE. IL NE NOUS EST PAS TOUJOURS DONNÉ D'EXPLICATION.
FAIS-TOI UNE RAISON.
HUNG...

TU VEUX COMPRENDRE LE CONTEXTE ...?
SOIT, PARLONS-EN, SI TU LE SOUHAITES.
GRÂCE À KATSUYU, IL FAUT RASSEMBLER LES MOINDRES INFORMATIONS...
... DE TOUS CEUX QUI ONT ÉTÉ EN CONTACT AVEC PAIN.
ON POURRA MÊME APPRENDRE QUELQUE CHOSE DE SES VICTIMES.
SANS OUBLIER DE RÉUNIR TOUS LES CADAVRES ET DE LES PASSER AU CRIBLE.
...!
RÉUNIR LES CADAVRES ...?
ATTENDEZ !
JE VIENS DE COMPRENDRE QUELQUE CHOSE.

“ 10 ANS DE NARUTO ” : PROJET N° 2

Félicitations pour cette décennie !

*平 健史

* KENJI TAIRA.

436e ÉPISODE :
PAIX

ÉCOUTEZ.
JE CROIS SAVOIR OÙ SE CACHE LE VÉRITABLE PAIN !
QU'EST-CE QUI VOUS FAIT DIRE ÇA ?
OUI, EXPLIQUE-TOI !
OUI...
ÇA M'A PARU ÉVIDENT APRÈS AVOIR REGARDÉ DANS LES SOUVENIRS DU SHINOBI DE LA PLUIE QUE MAÎTRE JIRAYA AVAIT CAPTURÉ.
AVEC UN DE SES CAMARADES, CE TYPE ÉTAIT CHARGÉ DE TRANSPORTER DES CADAVRES.
ÇA FAIT DES ANNÉES QU'ILS NOUS FONT MONTER DES MACCHABÉES AU DERNIER ÉTAGE DE LA PLUS HAUTE TOUR DU VILLAGE... T'AS UNE IDÉE DE CE QUI PEUT BIEN SE PASSER LÀ-HAUT, TOI ?
" DES CADAVRES ? "
EXACTEMENT. TU M'AS REMÉMORÉ CET ÉPISODE TOUT À L'HEURE.

TOUT D'ABORD, VOUS LE SAVEZ...
... iL EST GÉNÉRALEMENT ADMiS QU'UN ÉMETTEUR DE CHAKRA DOiT SE TROUVER RELATiVEMENT PROCHE DU CORPS RÉCEPTEUR.
ET, PARMi TOUTES LES TOURS QUE COMPTE LE ViLLAGE D'AME...
... C'EST TOUJOURS DANS LA PLUS HAUTE QUE CET HOMME ALLAiT DÉPOSER SA CARGAiSON.
EN FAiT, D'APRÈS LA RUMEUR, MAÎTRE PAiN EN PERSONNE Y RÉSiDERAiT.
LE BRUiT CiRCULAiT D'AiLLEURS DANS LE ViLLAGE QUE C'ÉTAiT PRÉCiSÉMENT LÀ QUE PAiN SE TROUVAiT.
ENSUiTE, CETTE FEMME QUi ÉTAiT MEMBRE DU SEXTER...
... RESSEMBLAiT TRAiT POUR TRAiT AU CORPS TRANSPORTÉ DANS CETTE TOUR.
J'EN DÉDUiS QUE CETTE BÂTiSSE EST UN LABORATOiRE OÙ, EN GREFFANT CES BÂTONNETS DE CHAKRA AUX CADAVRES, ON FABRiQUE DES PAiN EN SÉRiE.
ET ?
QUEL RAPPORT AVEC L'ENDROiT OÙ iL SE TROUVE EN CE MOMENT ?

CELA SIGNIFIE QUE, POUR QUE LE SIGNAL DE CHAKRA SOIT EFFICACE SUR DE GRANDES DISTANCES...
JE VOIS. DONC, LOGIQUEMENT...
... IL AVAIT BESOIN D'ÊTRE ÉMIS DEPUIS LA PLUS HAUTE DES TOURS DU VILLAGE !
... PAIN DEVRAIT SE TROUVER DANS UN ENDROIT SIMILAIRE AUX ENVIRONS DE KONOHA.
BON !
NOUS ALLONS FOUILLER MINUTIEUSEMENT TOUS LES SITES ÉLEVÉS AUTOUR DE NOUS.

HUNG...
TU VEUX CONNAÎTRE MES MOTIVATIONS ?
MÊME SI JE TE LES EXPLIQUAIS, QU'EST-CE QUE ÇA CHANGERAIT ?
MAIS PASSONS ! JE VEUX BIEN REVENIR LÀ-DESSUS UNE FOIS ENCORE...
APRÈS TOUT...
ZUP !
MON BUT... EST DE FAIRE CE QUE MAÎTRE JIRAYA LUI-MÊME N'A PAS PU ACCOMPLIR.
JE TE L'AI DIT TOUT À L'HEURE.
...

APPORTER LA PAIX ET LA JUSTICE AU MONDE.
LA PAIX...?
LA JUSTICE ?
NE TE FOUS PAS DE MOI...
... TU VEUX ?!
J'AI VU CE QUI ÉTAIT ARRIVE À MON MAITRE !!
À MES ANCIENS INSTRUCTEURS !
À MES CAMARADES !!
ET À MON VILLAGE !
QUAND ON SAIT LE SORT QUE TU LEUR AS RÉSERVÉ...
TU N'ES PAS CRÉDIBLE UNE SECONDE !!
Kriii
Kriii

HH...
HH...
ET TOI...? PEUT-ON CONNAITRE TES OBJECTIFS ?
D'ABORD, JE VAIS COMMENCER PAR T'ÉCRASER !!
CE SERA UN PREMIER PAS POUR LA PAIX DANS LE MONDE !!
STAP
JE VOIS, QUEL PROJET MAGNI-FIQUE !
TU AS UN SENS PRONONCÉ DE LA JUSTICE, C'EST INDÉNIABLE.
MAIS... ET MA FAMILLE ?
MES AMIS...
ET MON VILLAGE À MOI...?
STAP!

C'EST PAR LES TIENS QU'ILS ONT ÉTÉ ANÉANTIS. ET JE DEVRAIS DONC SAGEMENT T'ÉCOUTER EXALTER LES CONCEPTS DE PAIX ET DE JUSTICE...?
TU COMPRENDRAS QUE J'AI DU MAL À SUPPORTER D'ENTENDRE CES MOTS DE LA BOUCHE D'UN SHINOBI DE KONOHA.
...?!
QU'EST-CE QUE TU VEUX DIRE ?
IL N'EST PAS ENCORE ÉLOIGNÉ, LE TEMPS OÙ LE PAYS DU FEU ET KONOHA, EN PLEIN ESSOR...
... ONT DÉCIDÉ DE DÉFIER LES GRANDES PUISSANCES DE LA RÉGION ET DE DÉCLENCHER UNE GUERRE PAR PUR IMPÉRIALISME.
BIEN SÛR, VOUS AVIEZ L'EXCUSE DE LA PÉNURIE ALIMENTAIRE QUI MENAÇAIT VOTRE POPULATION...
SEULEMENT, TOUT CE QUE MOI JE RETIENS, C'EST QUE C'EST SUR LE TERRITOIRE DE NOTRE PETIT PAYS QUE VOUS AVEZ MENÉ VOTRE GUERRE CONTRE LES AUTRES GRANDS.
C'EST NOUS QUI AVONS ÉTÉ PLONGÉS DANS UNE MISÈRE NOIRE.

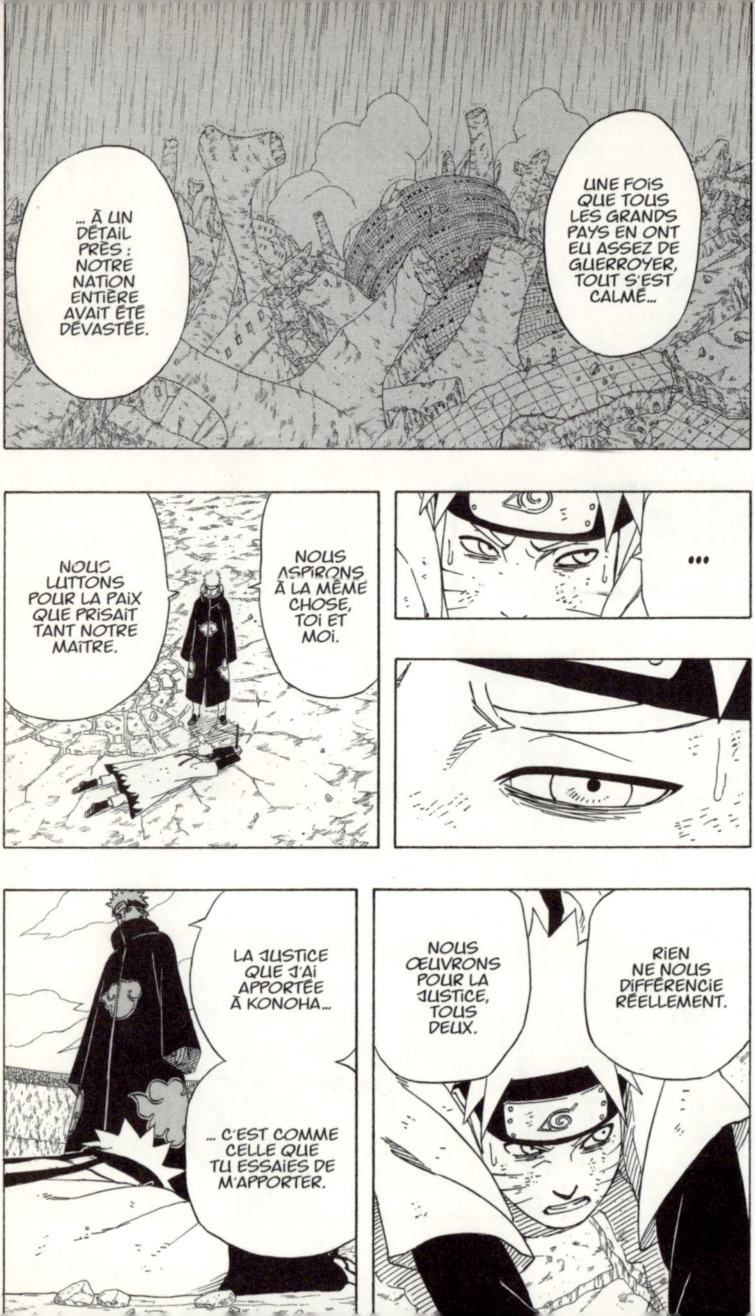
UNE FOIS QUE TOUS LES GRANDS PAYS EN ONT EU ASSEZ DE GUERROYER, TOUT S'EST CALMÉ...
... À UN DÉTAIL PRÈS : NOTRE NATION ENTIÈRE AVAIT ÉTÉ DÉVASTÉE.
...
NOUS ASPIRONS À LA MÊME CHOSE, TOI ET MOI.
NOUS LUTTONS POUR LA PAIX QUE PRISAIT TANT NOTRE MAÎTRE.
RIEN NE NOUS DIFFÉRENCIE RÉELLEMENT.
NOUS ŒUVRONS POUR LA JUSTICE, TOUS DEUX.
LA JUSTICE QUE J'AI APPORTÉE À KONOHA...
... C'EST COMME CELLE QUE TU ESSAIES DE M'APPORTER.

LA PEINE EST LA MÊME POUR QUI PERD CE QUI LUI ÉTAIT PRÉCIEUX.
TOUS DEUX, NOUS SOMMES DES ÊTRES AYANT CONNU LA SOUFFRANCE.
TU LUTTES POUR TA JUSTICE...
... ET MOI, POUR LA MIENNE.
EN RÉALITÉ, NOUS SOMMES DES ÊTRES ORDINAIRES FOCALISÉS SUR LA VENGEANCE, MAIS QUE L'ON CAMOUFLE SOUS LE TERME DE "JUSTICE".
MALHEU-REUSEMENT, CE TRAVESTIS-SEMENT DE LA RÉALITÉ...
... EN APPELLE TOUJOURS À PLUS DE VENGEANCE.
ET C'EST AINSI QUE SE CRÉE LA CHAÎNE DE LA HAINE.

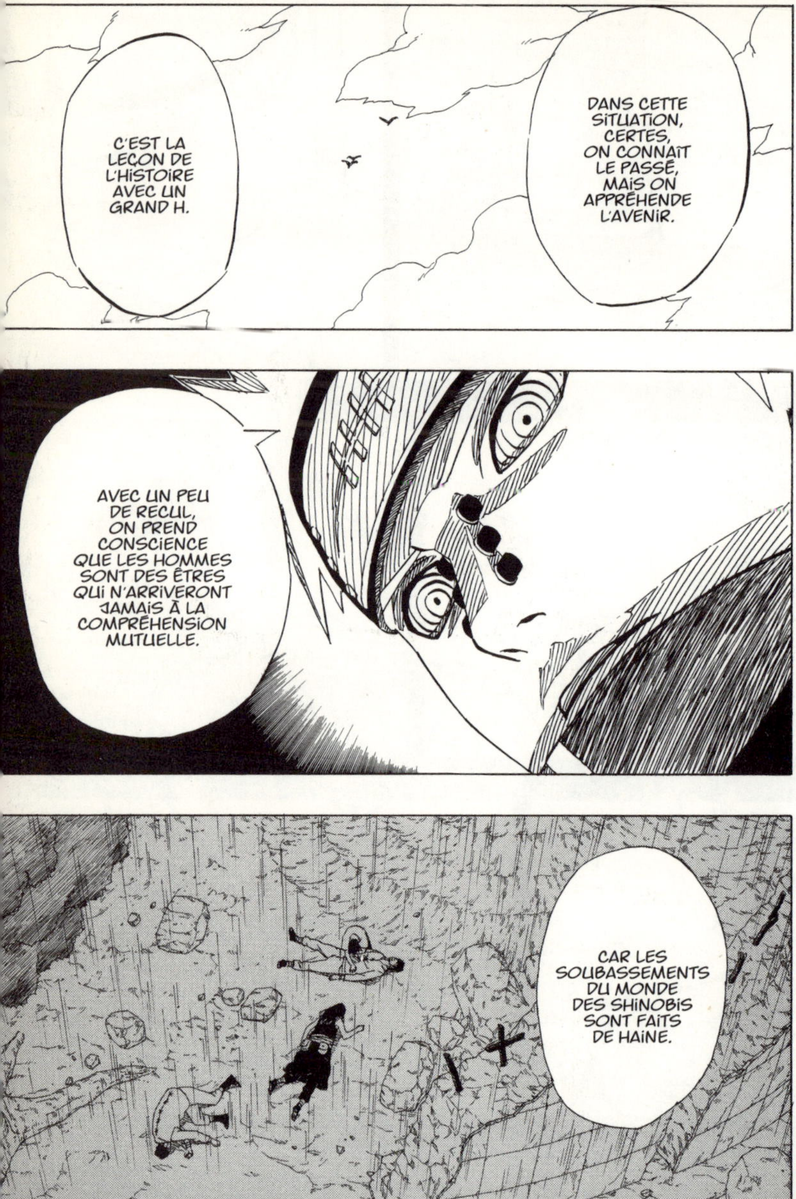
DANS CETTE SITUATION, CERTES, ON CONNAIT LE PASSÉ, MAIS ON APPRÉHENDE L'AVENIR.
C'EST LA LEÇON DE L'HISTOIRE AVEC UN GRAND H.
AVEC UN PEU DE RECUL, ON PREND CONSCIENCE QUE LES HOMMES SONT DES ÊTRES QUI N'ARRIVERONT JAMAIS À LA COMPRÉHENSION MUTUELLE.
CAR LES SOUBASSEMENTS DU MONDE DES SHINOBIS SONT FAITS DE HAINE.

...
MAIS JE NE SUIS PAS AVEUGLE.
JE SAIS PERTINEMMENT QUE CE MONDE EST RONGÉ PAR LA HAINE.
LA HAINE ?
ET JE VOUDRAIS BIEN Y REMÉDIER.
MÊME SI JE N'AI PAS ENCORE L'OMBRE D'UNE SOLUTION.
MAIS UN JOUR VIENDRA...
... OÙ LES HOMMES SE COMPRENDRONT MUTUELLEMENT. J'EN SUIS PERSUADÉ !
C'EST COMPLIQUÉ, TOUTES CES HISTOIRES...

Si JE NE TROUVE PAS LA RÉPONSE, C'EST À TOI QUE JE CONFIERAI CETTE TÂCHE.
TOING !
À VOS ORDRES !
Si ÇA VIENT DE VOUS, JE PEUX PAS REFUSER !
...
ET TOi, PUISQUE TU VEUX LA PAIX, QUE PRÉCONISES-TU FACE À CETTE HAINE ?
...
J'AIMERAIS ENTENDRE TA RÉPONSE.

...
JE N'EN SAIS...
... TROP RIEN.
EH BIEN ! MOI...
... J'AI FONDÉ AKATSUKI JUSTEMENT DANS LE BUT DE BRISER LA CHAÎNE DE LA HAINE.
UN OBJECTIF À MA PORTÉE, DÉSORMAIS. MAIS, POUR CELA, IL ME FAUT LE POUVOIR DE KYÛBI.
UNE FOIS CE POUVOIR CONJUGUÉ AVEC CELUI DES BIJÛS, JE CRÉERAI UNE ARME DES DIZAINES DE FOIS PLUS PUISSANTE QUE CELLE QUI M'A PERMIS DE RASER CE VILLAGE.
JE POURRAI ANÉANTIR UN PAYS EN UN INSTANT.

?!
JE GUIDERAI LE MONDE VERS LA PAIX ET LA STABILITÉ.
LE MONDE CONNAÎTRA ALORS LA VÉRITABLE PEINE.
ET LA FRAYEUR QUE SON SOUVENIR ENGENDRERA EMPÊCHERA TOUT CONFLIT.
QUAND VAS-TU COMPRENDRE QUE CE N'EST PAS ÇA, "LA PAIX" ?
C'EST JUSTE UN TAS DE MENSONGES !!
ON TROUVE MOINS DE SAGESSE CHEZ L'ÊTRE HUMAIN QUE TU NE LE CROIS.
IL N'Y A PAS D'AUTRE CHOIX.
ET, MÊME AINSI, JE N'Y CROIS PAS SUR LE LONG TERME...
JE SUIS SÛR QU'APRÈS QUELQUES DÉCENNIES NOTRE EFFET DISSUASIF S'ESTOMPERA ET QUE LA HAINE RÉAPPARAÎTRA.
MAIS C'EST TOUT CE QUE NOUS POUVONS FAIRE : AVEC LES DÉMONS À QUEUES, NOUS INFLIGERONS UNE GRANDE SOUFFRANCE À TOUS LES HABITANTS DU GLOBE.
...

NOUS CONNAÎTRONS ALORS LA PAIX. ÉPHÉMÈRE, CERTES, MAIS BIEN RÉELLE.
ACCORDER AU MONDE UN BREF INSTANT DE RÉPIT DANS LE DÉFERLEMENT DE LA HAINE INFINIE...
... C'EST TOUT CE QUE J'OSE ESPÉRER.

KEUF! KEUF!
!
NAGATO... NE VA PAS AU-DELÀ DE TES FORCES...
TU AS DÉJÀ DÉPENSÉ BIEN TROP DE CHAKRA.
HH...
HH...
LA PAIX EST À PORTÉE DE MAIN.

NARUTO
I Never Give Up Boy

437e ÉPISODE :
DÉCLARATION

TU PRÉTENDAIS QUE MA PAIX ÉTAIT MENSONGÈRE.
MAIS ELLE EST MOINS FANTAISISTE QUE L'ESPOIR D'UN MONDE OÙ LES GENS VIVRAIENT EN BONNE ENTENTE.
UN JOUR VIENDRA OÙ LES HOMMES SE COMPRENDRONT MUTUELLEMENT. ¡J'EN¡SUIS PERSUADÉ !
MAÎTRE JIRAYA CROYAIT QUE LES HUMAINS VIVRAIENT UN JOUR EN BONNE ENTENTE !
C'EST TOI QUI TE TROMPES !!

TU PARLES BEAUCOUP…
SHUUUP
… MAIS TU N'AS PAS ENCORE AVANCÉ L'OMBRE D'UNE SOLUTION CONCRÈTE. QUE PEUT ATTENDRE LE GENRE HUMAIN DE TOI ?
SI CE N'EST QUE TU M'OFFRES LA PUISSANCE DU DÉMON QUI EST EN TOI ?
JE TE LE RÉPÈTE ! TA MORT EST LA PREMIÈRE ÉTAPE DE LA PAIX !
NARUTO…!!
…

JE PRÉCONISE DE NOUS DÉPLACER DEUX PAR DEUX, AU MINIMUM.
ET DE NE PAS AGIR IMPRUDEMMENT, MÊME SI ON DÉBUSQUE NOTRE PROIE.
IL FAUT INSÉRER DANS LES ÉQUIPES DE RECHERCHE DES NINJAS AUX FACULTÉS DE PERCEPTION DÉVELOPPÉES.
ON GAGNERA UN TEMPS FOU.
COMPRIS.
SHIKAMARU, TU RESTERAS ICI AVEC SHIHO POUR ATTENDRE DE NOS NOUVELLES.
C'EST FRUSTRANT… MAIS JE SUIS INCAPABLE DE ME DÉPLACER.
BIEN. KATSUYU…
… TRANSMETS CES INFORMATIONS À TOUS LES SURVIVANTS ENCORE CAPABLES DE SE MOUVOIR.
ON A BESOIN DE LEUR COLLABORATION.
OUI.
MESSAGE REÇU.

FWUM
HM !
QU'EST-CE QU'IL Y A, NEJI ?
C'EST LE CRAPAUD QUE MAÎTRE JIRAYA AVAIT L'HABI-TUDE D'INVO-QUER...
QUOI ?!

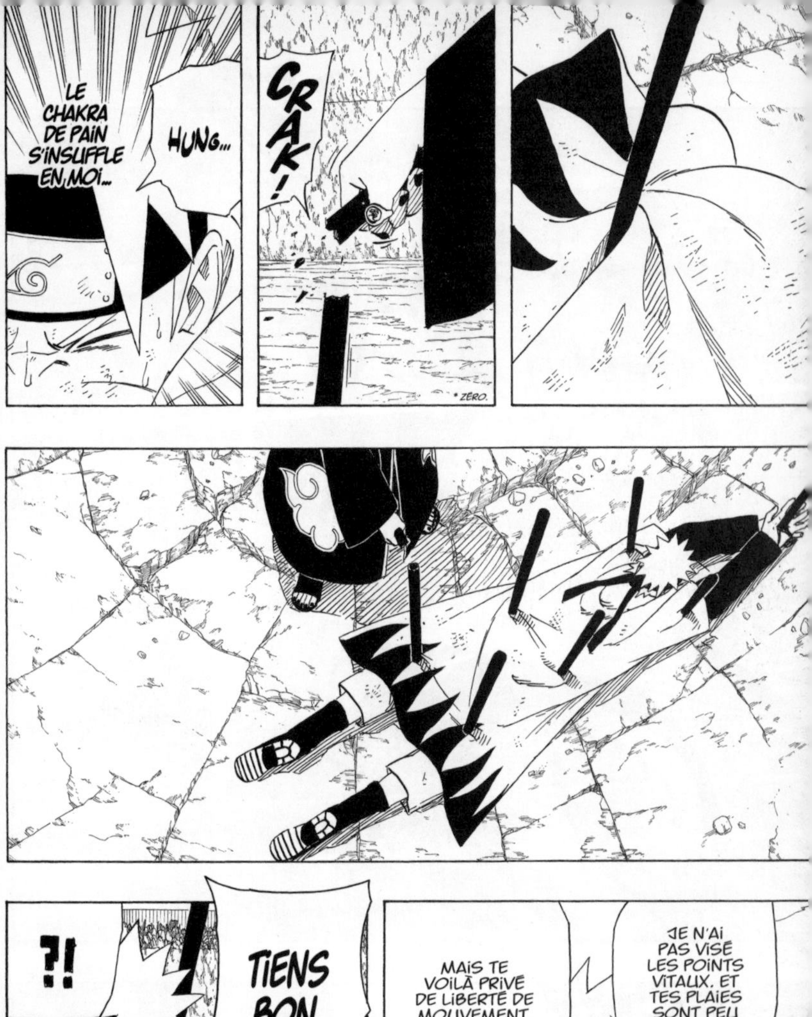
* ZÉRO.
CRAK !
LE CHAKRA DE PAIN S'INSUFFLE EN MOI...
HUNG...
JE N'AI PAS VISÉ LES POINTS VITAUX. ET TES PLAIES SONT PEU PROFONDES.
MAIS TE VOILÀ PRIVÉ DE LIBERTÉ DE MOUVEMENT.
?!
TIENS BON, PETIT !!

TU NE DOIS PAS ÉCOUTER CE DÉMENT, QUOI QU'IL DISE !
TU ES L'ENFANT DE LA PROPHÉTIE ! LE SAUVEUR DU MONDE !!
TU N'AS PAS LE DROIT DE PERDRE !
JIRAYA ET MON CHÉRI EN ÉTAIENT PERSUADÉS. ILS ONT MISÉ LEURS VIES LÀ-DESSUS !
SI TU MEURS ICI, JAMAIS JE NE TE LE PARDONNERAI !!
?!!
TOMP
CETTE GRENOUILLE M'ENNUIE.
POURRITURE !!
IL EST TEMPS QUE JE T'EMMÈNE.

SALETE... AVEC MES JAMBES BRISÉES...
PRIN-CESSE HINATA !!
?!!

TAMP
KRSHH
VOILÀ LES RENFORTS
N'ESSAIE PLUS DE FAIRE DU MAL À NARUTO !
QU'EST-CE QUE TU FAIS LÀ ?
VA-T'EN IMMÉDIATEMENT ! TU N'AS PAS LE NIVEAU FACE À LUI !
HM...
?!

DÉSOLÉE... MAIS, CETTE FOIS, JE N'ÉCOUTERAI QUE MON COEUR.
MAIS ENFIN, C'EST DU DÉLIRE !
TU ES EN DANGER DE MORT, TU M'ENTENDS ?
...
SI JE SUIS ICI, C'EST DE MON PLEIN GRÉ.
PRIC...
?
AUTREFOIS, JE NE FAISAIS QUE GEINDRE, JE RENONÇAIS À LA PREMIÈRE DIFFICULTÉ.
COMBIEN DE FOIS JE ME SUIS ENGAGÉE DANS UNE IMPASSE...

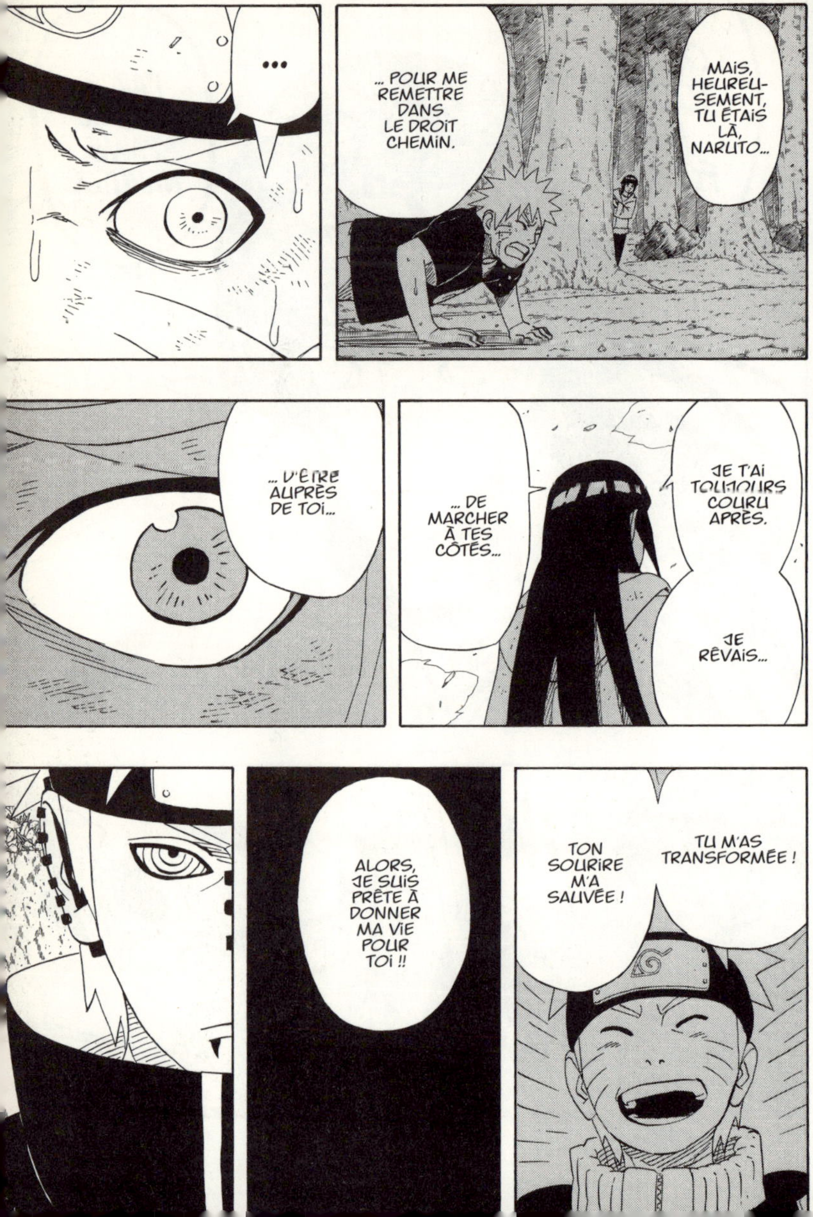
MAIS, HEUREU-SEMENT, TU ÉTAIS LÀ, NARUTO...
... POUR ME REMETTRE DANS LE DROIT CHEMIN.
...
JE T'AI TOUJOURS COURU APRÈS.
JE RÊVAIS...
... DE MARCHER À TES CÔTÉS...
... D'ÊTRE AUPRÈS DE TOI...
TU M'AS TRANSFORMÉE !
TON SOURIRE M'A SAUVÉE !
ALORS, JE SUIS PRÊTE À DONNER MA VIE POUR TOI !!

PARCE QUE JE T'AIME, NARUTO...
OUI, DE TOUTES MES FORCES.
HAA!!
DASH

TAM
PAM
PAM
TEAM
JÛHO SÔSHIGEN !!! LES PAUMES JUMELLES DES LIONS AGILES !!!
FWASH
RÉPUL-SION CÉLESTE !!!
PAOM
KYAH !!
!!
ZUP !
NE FAIS PAS ÇA !!
BZUM...

CHLAK
クリサッ…
ÇA S'EST PASSÉ EXACTEMENT COMME ÇA.
MES PARENTS SONT TOMBÉS SOUS LES COUPS DES SHINOBIS DE KONOHA… JUSTE SOUS MES YEUX.
ON SE SACRIFIE PAR AMOUR… ET LES SACRIFICES DÉBOUCHENT SUR LA HAINE.
BLISH
BLISH…
UUH…
KZUM!

OUAAAAAH!!!
BAOW
FFFFF
ET ALORS SEULEMENT, ON PEUT CONNAÎTRE LA SOUFFRANCE...
WOOOO
TU ME DÉTESTES ENFIN ?
C'EST LE POUVOIR DE KYÛBI ?
IL RÉAGIT À LA COLÈRE DE NARUTO, SEMBLE-T-IL...
FUP!
FUP!
FUP!

BRRRRROOOO
PRÉTENDS-TU TOUJOURS QUE LES HOMMES PEUVENT SE COMPRENDRE ?
GHOOOOOOH !!
C'EST MIEUX AINSI...
MAIS LA DOULEUR QUE J'ÉPROUVE EST PLUS GRANDE ENCORE.

" 10 ANS DE NARUTO " : PROJET N° 4

438e ÉPISODE :
LE SCEAU BRISÉ !!
GYAAAAH !!!
QUE SE PASSE-T-IL ?
CE CHAKRA... CETTE SENSATION !
C'EST COMME LA DERNIÈRE FOIS !
LA PRINCESSE HINATA, ELLE...
ELLE EST PARTIE AU SECOURS DE NARUTO ET...
!
POURVU QUE...

FFFFFF
ゴゴゴゴ
FWAP!
FWASH
?!

GWOOOOH!!!
VRULLL
ガッ
SPLAH
BROSH !
BRRR BRRR...
GNUP
C'EST LE SCEAU ?

BWAM

!
RÉPULSION CÉLESTE !
ZAM
KRONK
ドスドスドスドス
KRONK
BRALAAAM
HUNG...!

BROAAAM
KRIC KRIC
HUN HUN HUN...
BZUM
HUNG !
NON SEULEMENT IL RÉSISTE À MA RÉPULSION CÉLESTE... MAIS EN PLUS, C'EST MOI QUI SUBIS LE CONTRECOUP ?
TAOW

KRANK
NA... NARUTO...
TAM !
ATTRACTION CÉLESTE !
BZUM

FASH
BAMK

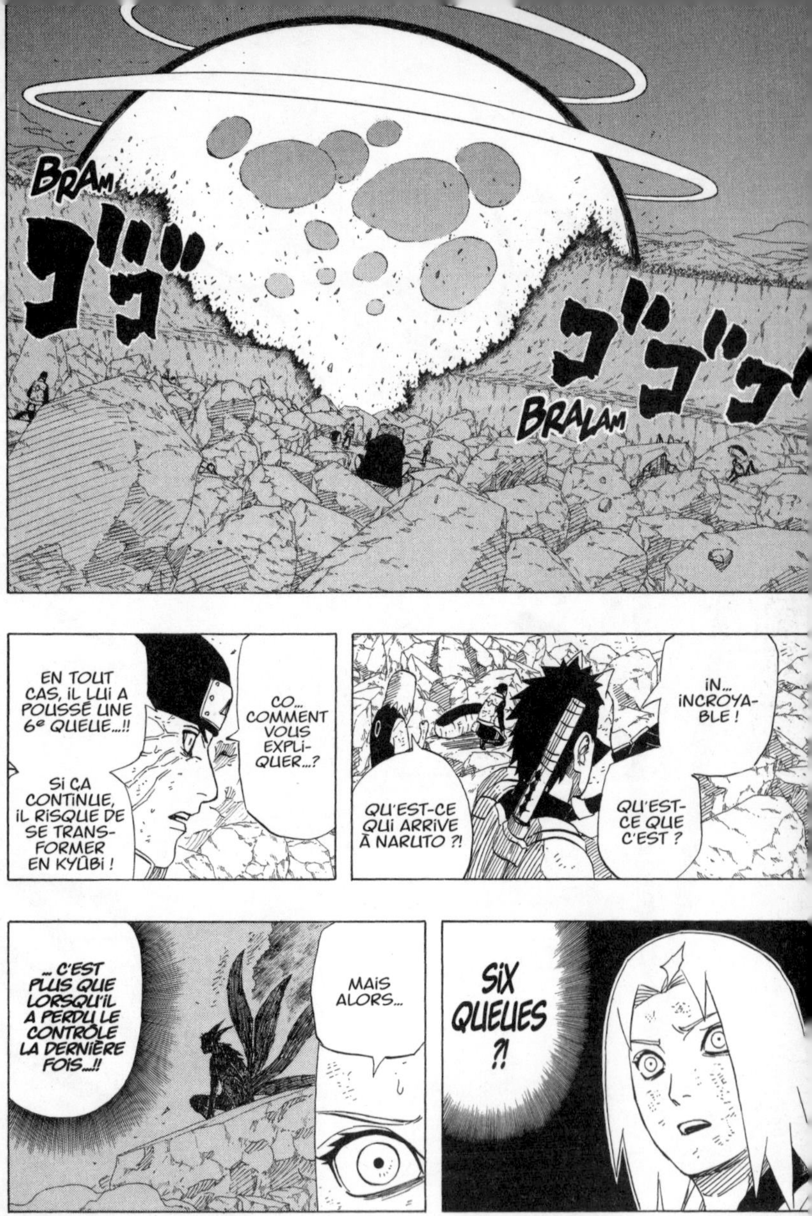
BRALAM
BRAM
IN... INCROYABLE !
QU'EST-CE QUE C'EST ?
QU'EST-CE QUI ARRIVE À NARUTO ?!
CO... COMMENT VOUS EXPLIQUER...?
EN TOUT CAS, IL LUI A POUSSÉ UNE 6e QUEUE...!!
SI ÇA CONTINUE, IL RISQUE DE SE TRANSFORMER EN KYÛBI !
SIX QUEUES ?!
MAIS ALORS...
... C'EST PLUS QUE LORSQU'IL A PERDU LE CONTRÔLE LA DERNIÈRE FOIS...!!

ドドドド FFFFFF
...
DAME KATSUYU !
DITES À TOUT LE MONDE DE QUITTER LE PÉRIMÈTRE IMMÉDIATEMENT.
ドドドド FFFFF
QU'EST-CE QUI SE PASSE ENCORE ?
DE TOUTE FAÇON, IL NE RESTE PLUS RIEN DU KONOHA QUE NOUS AVONS CONNU.
VOUS DEVEZ QUITTER LES LIEUX SANS PLUS TARDER ET VOUS RÉFUGIER LE PLUS LOIN POSSIBLE.
CETTE MASSE D'ÉNERGIE VIENT DE KYÛBI.
MON CLONE EST ACCROCHÉ À NARUTO. JE SAIS DE QUOI JE PARLE, CROYEZ-MOI.

KYÛBI...
JE CROYAIS QUE YAMATO ET KAKASHI AVAIENT SCELLÉ SON POUVOIR ?
QU'EST-CE QUE ÇA SIGNIFIE ?
C'EST HINATA...
ELLE S'EST PRÉCIPITÉE POUR COUVRIR NARUTO ET ELLE A ÉTÉ ABATTUE SOUS SES YEUX.
NARUTO S'EST LAISSÉ ENVAHIR PAR LA RAGE.
C'EST ÇA, L'ÉLÉMENT DÉCLENCHEUR ?
OUI... PROBABLEMENT.
ET YAMATO ?
OÙ EST-IL AU MOMENT OÙ NOUS AURIONS LE PLUS BESOIN DE LUI ?
KABUTO ÉTAIT ICI ?

AFFIRMATIF.
BIEN. TÂCHONS DE NE PAS NOUS FAIRE REPÉRER.
!
PSHH...
DITES-MOI QUE JE RÊVE !
...
QU'EST-CE QU'IL Y A ?
C'EST INSENSÉ ! IL A BRISÉ LUI-MÊME LE SCEAU...
SIX QUEUES CARRÉMENT ?!
IL Y A URGENCE !
STAP !
DÉSOLÉ, MAIS JE DOIS RETOURNER IMMÉDIATEMENT AU VILLAGE !

* SIX.

PRALALA!
PRALALA!
VOILÀ DONC LE POUVOIR DE KYÛBI. C'EST ABSOLUMENT ADMIRABLE.

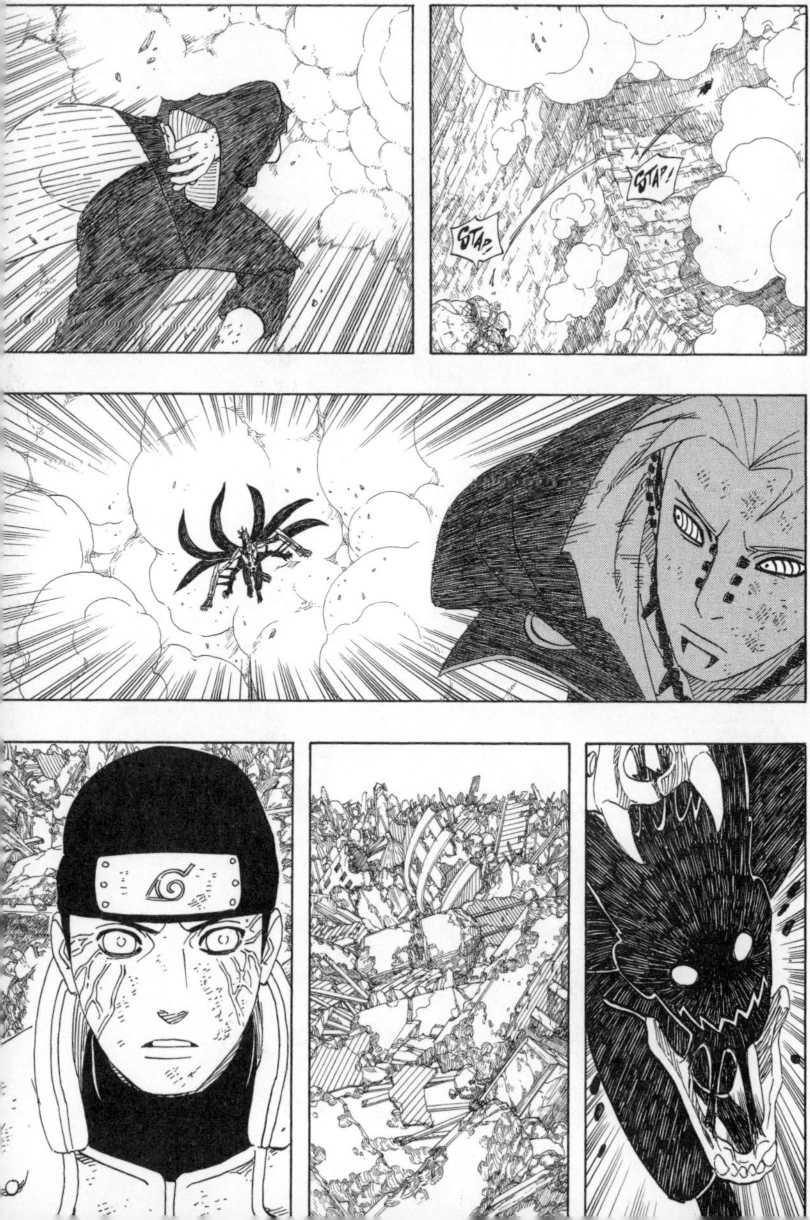
STAP!
STAP!

NARUTO ET PAIN S'ÉLOIGNENT DU VILLAGE TOUS LES DEUX !
COMMENT ÇA ?
PAIN ESSAIE DE S'ENFUIR... IL EST POURSUIVI PAR NARUTO QUI S'EST TRANSFORMÉ EN KYÛBI !
HA HA...
BIEN FAIT POUR LUI !
CE N'EST PAS LE MOMENT DE RIRE !
IL FAUT EN PROFITER POUR ALLER RÉCUPÉRER LE CORPS DE HINATA !
ET IL FAUT VENIR EN AIDE À NARUTO !
IL POURRAIT S'EN PRENDRE À N'IMPORTE QUI, SANS DISTINCTION !
IL FAUT CONTACTER LE CHEF YAMATO AU PLUS VITE !

OUOOOOOH !!!
C'EST BON ! IL EST SUFFISAM-MENT PROCHE DE TENDÔ.
CHIBAKU TENSEI ! NAISSANCE DE L'ASTRE DIVIN !
ZUD

" 10 ANS DE NARUTO " : PROJET N° 5

* 4e HOKAGE.

439e ÉPISODE : NAISSANCE DE L'ASTRE DIVIN

STAP
VRAM
VRAM
SPAT!
SPAT!
VRAM
VRAM

ドゴゴゴゴ
BRALAAAM
ゴゴゴゴゴ
VRAL
QUELQU'UN PEUT M'EXPLIQUER CE QUI SE PASSE ?
REGARDEZ... ÇA... LÀ !
!
ゴゴ
BROAM
UUUGH !!!

!
VRAAAM
BWOM

KRONK
BROOOOOOM
SPAK!
KRANK
GWOOOOH!!!
STAMP

OUOOOOH !!
FWUM
FWIM
KRUNK
KRONK

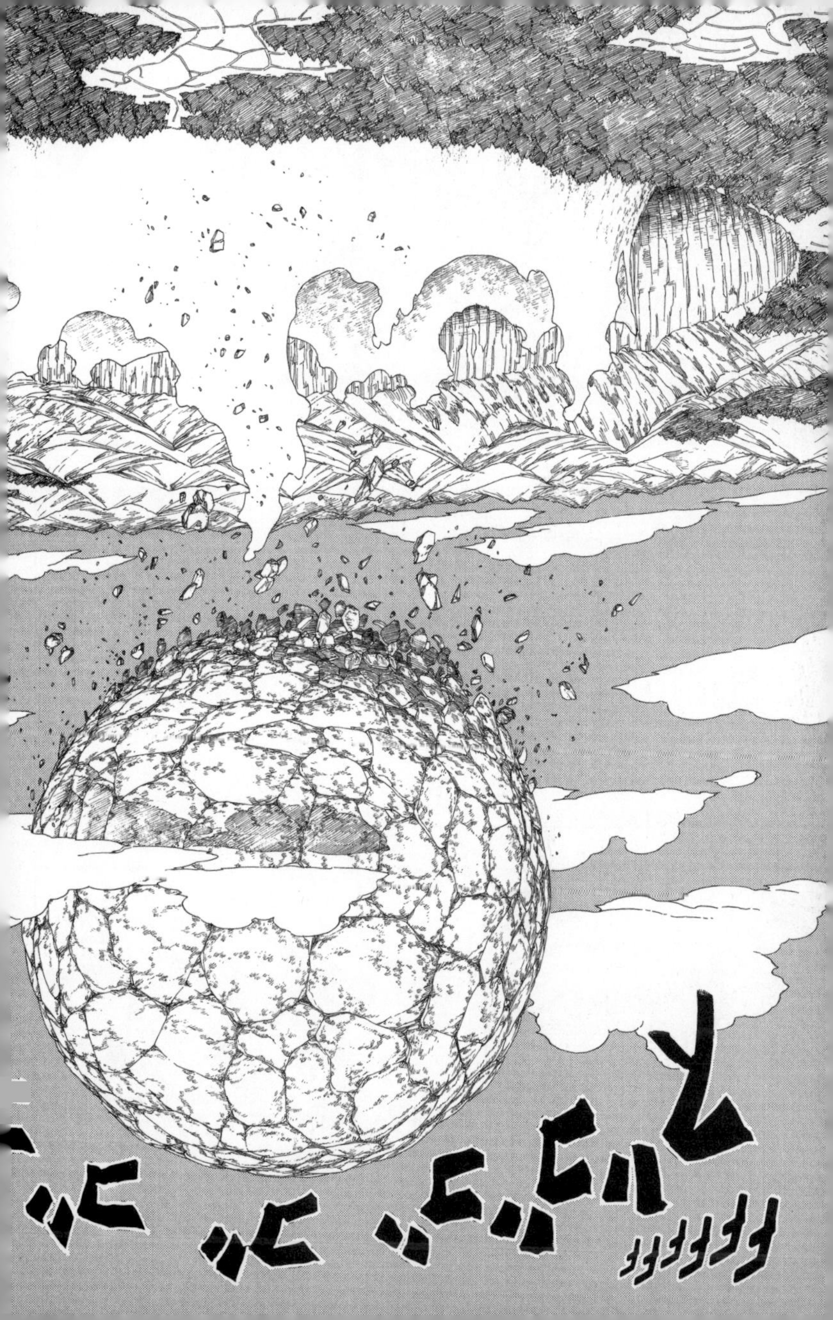

HH...
HH...
POURQUOI L'AVOIR FAITE SI GRANDE ?
NOUS AVONS AFFAIRE... À KYÛBI...
PAS QUESTION D'AVOIR LA MAIN LÉGÈRE.
ET PUIS, COMPARÉE À LA LUNE CRÉÉE PAR L'ERMITE RIKUDÔ...
... CE N'EST PAS GRAND-CHOSE.
HH...
HH...
QUOI QU'IL EN SOIT, KYÛBI EST DANS LA NASSE.

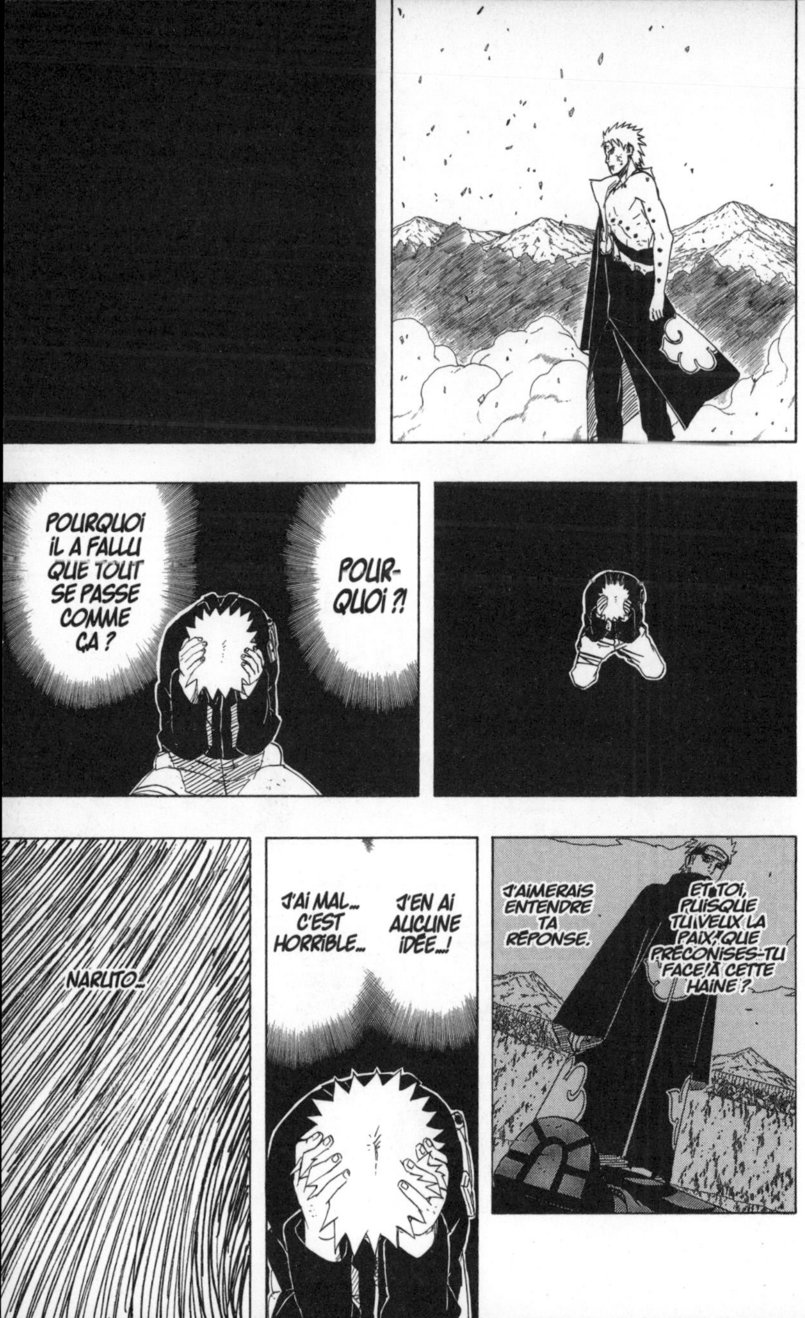
POUR-QUOI ?!
POURQUOI IL A FALLU QUE TOUT SE PASSE COMME ÇA ?
ET TOI, PUISQUE TU VEUX LA PAIX, QUE PRÉCONISES-TU FACE À CETTE HAINE ?
J'AIMERAIS ENTENDRE TA RÉPONSE.
J'EN AI AUCUNE IDÉE...!
J'AI MAL... C'EST HORRIBLE...
NARUTO...

KRONK
!
BROLOOOM
...?
BLUB BLUB
QU'EST-CE QUE JE DOIS FAIRE ?!
JE NE SAIS PLUS OÙ J'EN SUIS !
BLUB
QUELQU'UN ! À L'AIDE !
DONNEZ-MOI LA RÉPONSE !

DÉVASTE TOUT !
ANÉANTIS CE QUI TE FAIT SOUFFRIR.
...!
ABANDONNE-TOI À MOI, TOUT ENTIER.
JE TE DÉLIVRERAI DE TES TOURMENTS.
!!
PZAK
PSHHH...
FRUUUL

* HUIT.

"HUIT" ?!!
C'EST TERRIBLE !!
STAP
ON COURT AU DÉSASTRE !!
STAP
KRUNK
KRUNK
KRUNK
KRUNK
GUAAAAAH !!!
JAMAIS JE N'AURAIS CRU CELA POSSIBLE...

BUSH
ドク
ドク
BUSH
VIENS PAR ICI... ARRACHE CE PARCHEMIN.
封
* SCEAU.
SPASH
ザッ...

GWOOOH !
OH...
MALE-DICTION ! C'EST LA FIN !
POURQUOI ?!
BZUUUM...
* NEUF.
SHRIP !
封

STAK!
?!
FWUP
四代目火影
FLAP
FWAM
四代目火影

GWOOOH !!
TOI !!
MAÎTRE HOKAGE... LE 4e...
J'AI CONÇU CE SCEAU DE MANIÈRE À ÊTRE INVOQUÉ DANS TA CONSCIENCE DÈS LA LIBÉRATION DE LA 8e QUEUE.
封
J'AVAIS ESPÉRÉ QU'ON N'EN ARRIVERAIT PAS LÀ...
... CAR JE ME SERAIS BIEN PASSÉ DE REVOIR KYÛBI.
MAIS...
... JE DOIS AVOUER QU'EN MÊME TEMPS JE SUIS HEUREUX DE DÉCOUVRIR LE JEUNE HOMME QU'EST DEVENU MON FILS.
JE NE VAIS DONC PAS ME PLAINDRE.

* MASAKI MURAKAMI.

440e ÉPISODE :

CONVERSATION AVEC HOKAGE LE 4e !!

iL EST PARVENU À S'EXTRAIRE DE L'ASTRE...
QUELLE FORCE FANTAS-TIQUE !
DANS CE CAS, iL VA FALLOiR EN GÉNÉRER UN PLUS GRA...
!
BRRR...
BRRR...
BRRR...
UUGH...
BRRR...
BRRR...

VIENS, QUE JE TE RÉDUISE EN CHARPIE !
RAAAGH !! LE 4e !!
ET TU PENSES SINCÈREMENT QUE JE VAIS ACCEPTER L'INVITATION ?
PAS VRAI, NARUTO ?
...
NARUTO...? TU CONNAIS MON NOM ?
POUR-QUOI...?
HM !
EH BIEN ! C'EST MOI QUI L'AI CHOISI !!
TU ES MON FISTON.
TON FISTON ?
QUOI...? MOI ?
GWOOOH !!!
封

OUI, EXACTEMENT...
TU ES MON FILS.
BLIB...
HA HA...
RAAAH !! LE 4e !!
LA FERME, DERRIÈRE...
ÉLOIGNONS-NOUS UN PEU, SI TU VEUX.

FTAP !
!
ZUD
HE HE...
FRUP FRUP...
APPAREMMENT, HOKAGE LE 3e NE T'AVAIT RIEN DIT.
MAITRE HIRUZEN VOULAIT TAIRE TOUTE INFORMATION RELATIVE AU DÉMON-RENARD.
C'EST LOGIQUE, APRÈS TOUT. SANS MOI POUR TE PROTÉGER, TU ÉTAIS EXPOSÉ À DE GRANDS DANGERS. AUTANT NE PLUS RIEN LAISSER FILTRER DE CETTE AFFAIRE.
...
JE SUIS NAVRÉ, NARUTO.
PAPA...

?!
TOMP
URF...
COMMENT AS-TU PU SCELLER CE DÉMON EN MOI... TON FILS ?!
TU NE PEUX PAS SAVOIR COMBIEN J'EN AI BAVE À CAUSE DE ÇA, FIGURE-TOI !!
JE NE SAIS PAS SI JE SUIS HEUREUX OU EN COLÈRE...
JE NE SAIS PLUS OÙ J'EN SUIS, BORDEL !!
...
UGH... UGH...

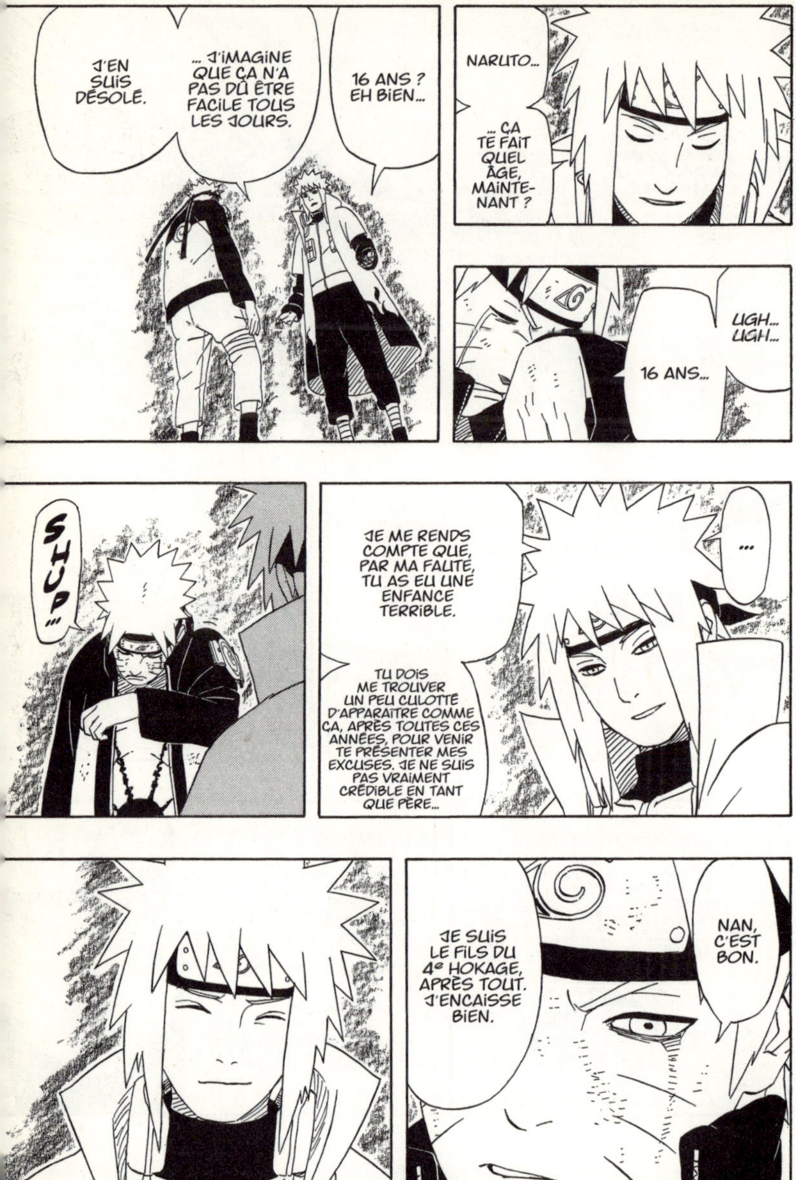
NARUTO...
... ÇA TE FAIT QUEL ÂGE, MAINTENANT ?
16 ANS ? EH BIEN...
... J'IMAGINE QUE ÇA N'A PAS DÛ ÊTRE FACILE TOUS LES JOURS.
J'EN SUIS DÉSOLÉ.
UGH... UGH...
16 ANS...
...
JE ME RENDS COMPTE QUE, PAR MA FAUTE, TU AS EU UNE ENFANCE TERRIBLE.
TU DOIS ME TROUVER UN PEU CULOTTÉ D'APPARAÎTRE COMME ÇA, APRÈS TOUTES CES ANNÉES, POUR VENIR TE PRÉSENTER MES EXCUSES. JE NE SUIS PAS VRAIMENT CRÉDIBLE EN TANT QUE PÈRE...
SHUP...
NAN, C'EST BON.
JE SUIS LE FILS DU 4e HOKAGE, APRÈS TOUT. J'ENCAISSE BIEN.

Si, AVEC CE SCEAU, JE T'AI LAISSÉ LIBREMENT ACCÉDER À LA MOITIÉ DU CHAKRA DE KYÛBI...
... C'EST PARCE QUE JE SAVAIS QUE TU SERAIS CAPABLE DE LE MAÎTRISER.
TU ES MA CHAIR, APRÈS TOUT.
JE N'AI PAS AGI AINSI SANS RAISON, VRAIMENT.
?!
LORSQUE KYÛBI A ATTAQUÉ LE VILLAGE, IL Y A 16 ANS...
... J'AI DÉCOUVERT QUELQUE CHOSE.
QUOI DONC ?
EN FAIT, IL ÉTAIT DIRIGÉ PAR QUELQU'UN, DANS L'OMBRE...
QUELQU'UN QUI LUI A VOLONTAIREMENT FAIT ATTAQUER LE VILLAGE.
FACE À UN SHINOBI D'UNE PUISSANCE AUSSI EXCEPTION-NELLE...
... IL FALLAIT QUE, TOI AUSSI, TU PUISSES COMPTER SUR UN POUVOIR IMMENSE.

JE M'ÉTAIS IMAGINÉ QU'IL FRAPPERAIT ENCORE, ET NOUS Y VOILÀ.
...
MAIS KONOHA N'EST PLUS QU'UN TAS DE POUSSIÈRE.
OUI, JE L'AI VU... À TRAVERS TOI.
TU AS ASSISTÉ À TOUT ?!
OUI, ET J'AI SU POUR MAÎTRE JIRAYA AUSSI.
C'EST PAIN QUI AVAIT DIRIGÉ KYÛBI CONTRE LE VILLAGE, AUTREFOIS ?!
NON... CE N'EST PAS LUI.
MAIS ALORS, QUI EST-CE ?

UN MEMBRE D'AKATSUKI.
L'HOMME AU MASQUE.
!
IL Y A 16 ANS DÉJÀ, IL AVAIT ANTICIPÉ TOUTES MES INTENTIONS.
C'EST UN INDIVIDU D'UNE TREMPE HORS DU COMMUN... ET JE SUIS CONVAINCU QUE C'EST LUI QUI MANIPULE PAIN.
MAIS NON ! PAIN AGIT PAR RESSENTIMENT ENVERS KONOHA !
PARCE QUE C'EST DE NOTRE FAUTE SI AUTREFOIS SON VILLAGE A ÉTÉ DÉTRUIT !
...
JE NE LE NIE PAS.
MAIS C'EST JUSTEMENT CE LEVIER QU'A ACTIONNÉ CET HOMME.

ADMETTONS QU'IL LE MANIPULE.
MAIS CE TYPE, DANS L'OMBRE...
... POURQUOI EST-CE QU'IL EN VEUT AUTANT À KONOHA ?
...
TANT QUE LE SYSTÈME SHINOBI SERA EN PLACE...
... LE MONDE NE CONNAÎTRA PAS LA PAIX.
PAIN T'A DEMANDÉ TA RECETTE POUR ASSURER LA PAIX.
LA RÉPONSE N'EST PAS ÉVIDENTE.
MAIS AU FOND, SON JUGEMENT EST CORRECT : C'EST POUR SAUVER DES ÊTRES OU DES CHOSES QU'ON DÉCLENCHE DES CONFLITS...
TANT QUE L'AMOUR EXISTERA, LA HAINE LE SUIVRA, C'EST INDISSOCIABLE... ET CETTE HAINE, JUSTEMENT, C'EST CE SUR QUOI COMPTE LE MONDE DES SHINOBIS.
TANT QUE LE SYSTÈME DES SHINOBIS PERDURERA...
... IL CONTINUERA DE CULTIVER LA HAINE ET D'ENGENDRER DES PAIN.

JIRAYA EST MORT DES MAINS DE PAIN, CERTES.
MAIS, EN RÉALITÉ, LE VRAI MEURTRIER, C'EST LE SYSTÈME PERVERS QUI A CRÉÉ PAIN...
CHAQUE SHINOBI FAIT FACE À CETTE HAINE DANS SES COMBATS...
... ET UTILISE LA SIENNE POUR DÉTRUIRE.
MAÎTRE JIRAYA T'A LAISSÉ LE SOIN DE METTRE UN TERME À CETTE FOLIE.
...
L'ENNUI, C'EST QUE MOI-MÊME, JE NE POURRAI JAMAIS PARDONNER À PAIN.
C'EST AU-DESSUS DE MES FORCES !

Oui...
Aide-moi, le 4e.
...
Dis-moi ce que je dois faire.
...
Ça, je l'ignore.
À toi de trouver la réponse.
Comment je pourrais réussir là où Jiraya et toi avez échoué ?!
C'est injuste de me faire ça !
Je n'ai pas grand-chose dans la caboche !
En tant que ninja, je n'ai rien d'exceptionnel !
Et je suis pas non plus...
!
GATCH

JE SAIS QUE TU TROUVERAS LA RÉPONSE.
J'Ai CONFiANCE EN TOi.
...

C'EST VRAI ?
TU M'EN CROIS CAPABLE ?
C'EST LE RÔLE DES PARENTS DE CROIRE EN LEURS ENFANTS JUSQU'AU BOUT.
BIEN. IL EST TEMPS POUR MOI DE TIRER MA RÉVÉRENCE.
MON CHAKRA EST EN TRAIN DE S'ÉPUISER.
JE VAIS RÉPARER CE SCEAU.
MAIS C'EST LA DERNIÈRE FOIS.
TOP!
ZUP!
HUNG...
BZOOOOM
IL SERA TOUJOURS TEMPS DE REBÂTIR KONOHA. JE COMPTE SUR TOI, NARUTO.
SHHH

MERCI...
... PAPA.
KYÛBI A DISPARU ?
!

LE PROCESSUS DE TRANSFORMATION S'EST INTERROMPU ?
QUE DIABLE S'EST-IL PASSÉ ?

“ 10 ANS DE NARUTO ” : PROJET N° 7

* ATSUHIRO SATÔ.

441e ÉPISODE :
ORBE SHURIKEN CONTRE RÉPULSION CÉLESTE !!

IL EST DÉJÀ CAPABLE DE SOUMETTRE KYÛBI À SA VOLONTÉ ?
!
!
KOF !
KOF !
NAGATO !
HAA ...
HH ...

!
ゴゴゴゴ
BROLOOOM
ガラガラガラ
VRALAM
VRAAAM
ドドド…
BROAM

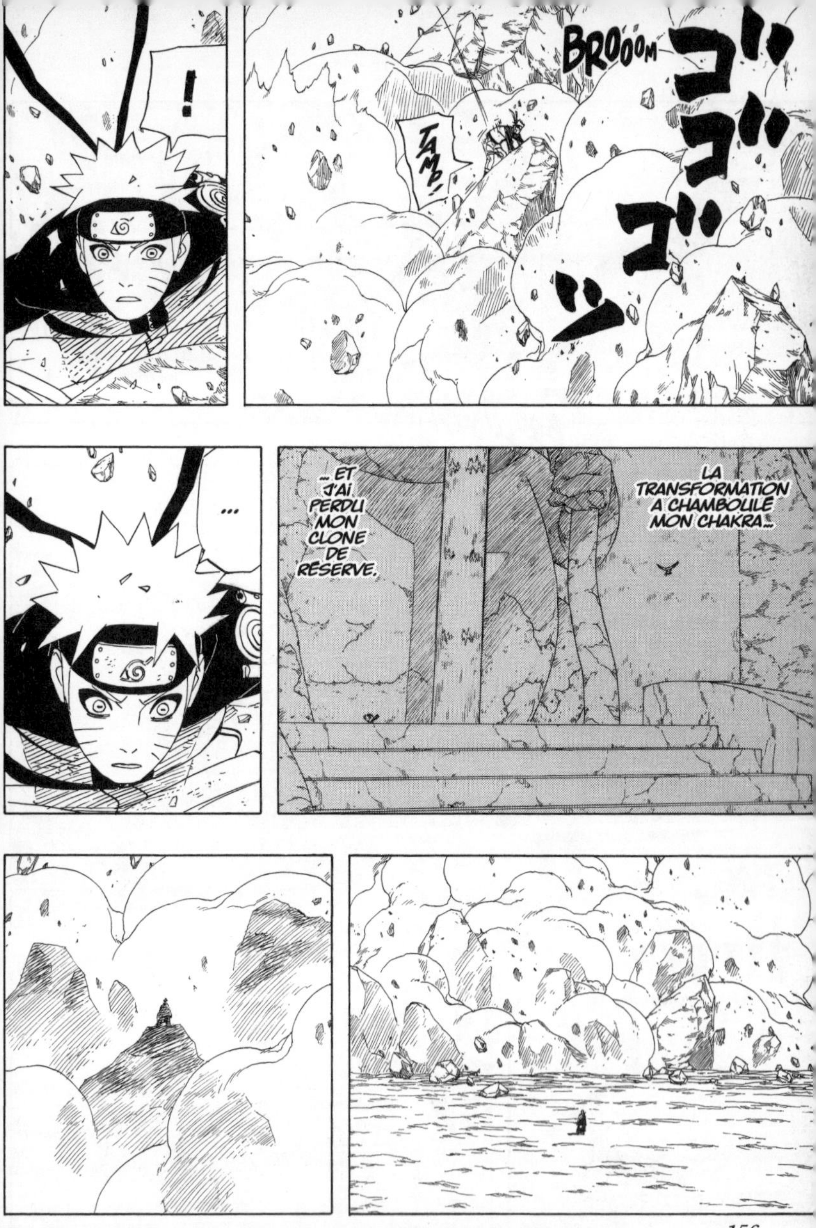
BROOOM
ゴゴゴッ
TAMP !
!
LA TRANSFORMATION A CHAMBOULÉ MON CHAKRA...
... ET J'AI PERDU MON CLONE DE RÉSERVE.
...

IL EST DÉJÀ REPASSÉ EN MODE ERMITE ?
!
PFYÛ...
J'AI BIEN CRU MOURIR ...!
IL EST CORIACE.
MOI QUI VOULAIS VÉRIFIER PAR MOI-MÊME L'ÉTENDUE DES POUVOIRS DE KYÛBI...
... EH BIEN ! JE SUIS SERVI. IL S'EST DÉBARRASSÉ DE L'ASTRE...
TIENS !
...

LE VILLAGE, C'ÉTAIT BIEN DANS CETTE DIRECTION ?
QU'EST-CE QUI S'EST PASSÉ ENCORE ?
C'EST TON ŒUVRE, NARUTO, QUAND TU ÉTAIS POSSÉDÉ PAR KYÛBI...
ZUP
SI ÇA SE TROUVE, HINATA ET LES SURVIVANTS DU VILLAGE, JE LES AI...
...
!
KZAA
GNUP!

JE L'AI CRAINT, MOI AUSSI.
MAIS CES ATTAQUES QUE TU AS PORTÉES PENDANT QUE KYÛBI TE POSSÉDAIT N'ONT PAS FAIT DE VICTIMES SUPPLÉMENTAIRES PARMI LES VILLAGEOIS.
LA CHANCE ÉTAIT DE NOTRE CÔTÉ, CETTE FOIS.
C'EST UN SOULAGEMENT DE L'ENTENDRE...
VRAIMENT !
NARUTO...
STAP...
PRINCESSE HINATA !
STAP
STAP
...

ELLE N'EST PAS MORTELLEMENT BLESSÉE...
MAIS ELLE A BESOIN DE SOINS D'URGENCE !
PRi... ....
J'ESSAYE DE LOCALISER UN MÉDECIN NINJA !
AKATSUKI A LANCÉ UN RAID SUR KONOHA ! MALHEU-REUSEMENT, JE NE PEUX PLUS BOUGER ! MAIS VOUS, COUREZ ! COUREZ !
JAMAIS JE N'AURAIS PU M'IMAGINER ÇA...
STAP
UNE GRENOUILLE BLESSÉE, ICI AUSSI !
FRUP FRUP
ZZUO
IL EST TEMPS D'EN FINIR AVEC CE COMBAT...

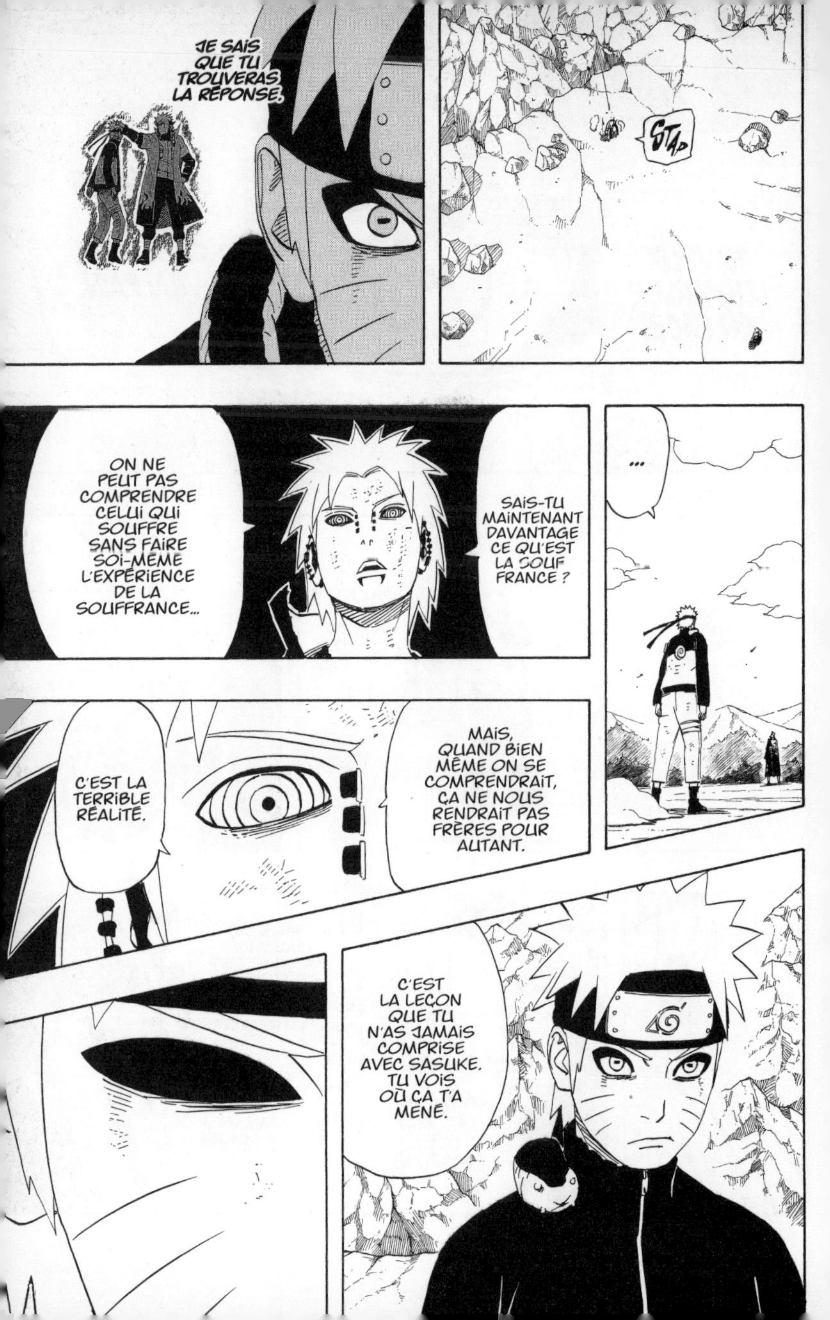
STAP
JE SAIS QUE TU TROUVERAS LA RÉPONSE.
...
SAIS-TU MAINTENANT DAVANTAGE CE QU'EST LA SOUF FRANCE ?
ON NE PEUT PAS COMPRENDRE CELUI QUI SOUFFRE SANS FAIRE SOI-MÊME L'EXPÉRIENCE DE LA SOUFFRANCE...
MAIS, QUAND BIEN MÊME ON SE COMPRENDRAIT, ÇA NE NOUS RENDRAIT PAS FRÈRES POUR AUTANT.
C'EST LA TERRIBLE RÉALITÉ.
C'EST LA LEÇON QUE TU N'AS JAMAIS COMPRISE AVEC SASUKE. TU VOIS OÙ ÇA T'A MENÉ.

GUIDE-MOI PLUTÔT JUSQU'AU VRAI PAIN.
KZUM
JE VEUX LUI PARLER EN FACE.
...
OH... TU ES DONC AU COURANT POUR L'ORIGINAL ?
ZUP!
JIRAYA... NARUTO... VOUS AUTRES, GENS DE KONOHA, VOUS ÊTES DES ADVERSAIRES TRÈS DIGNES.
FWUSH
MAIS LE TEMPS DES PAROLES EST RÉVOLU...
QUOI QUE TU PUISSES DIRE, CELA NE CHANGERA PAS LE COURS DES CHOSES.
LAISSE-MOI LUI PARLER, C'EST IMPORTANT.
...

STAP
TOUT iNDiQUE QUE TU N'AS PLUS À TA DiSPOSiTiON QUE DEUX DE CES ENNUYEUX SHURiKENS DE CHAKRA.
ET APRÈS, FiNi, LE MODE ERMiTE.
APPAREM-MENT, TU NE ME LAiSSES PAS LE CHOiX. iL FAUDRA SE BATTRE.
Si TU GÂCHES TES DEUX SALVES, LA DÉFAiTE SERA SCELLÉE.
ET JE NE TE LAiSSERAi PAS D'OUVERTURE. JE VAiS TE TRAÎNER À DEMi MORT, MAiS JE T'EMPORTERAi AVEC MOi.
STAP
ZUP!
TANT PiS. JE TROUVERAi L'ORiGiNAL AUTREMENT.
EUH... ET COMMENT VAS-TU T'Y PRENDRE, JE TE PRiE ?
J'Ai MA PETiTE iDÉE.
DASH

STAK
FWUP
PAK!
KRONK
ZUP!
SDOBAM
!

SHRAF!
BRZZ BRZZ!
WOOOOOOO

ズズズズズズッ
WOOOOO
ゾク
GULP
IL SE SERT DE L'ÉNERGIE NATURELLE POUR REMONTER JUSQU'À MA PISTE !
!!
BRZZZ !
BRZZZ !
BRZZZ !

JE T'AI TROUVÉ !!
ESPÈCE DE...
FWUP
PAK
MULTI-CLONAGE !!
FWAP
POF
POF POF
POF
BWAF
FWUSH
STAP
STAP

POOF
VOILÀ SON PREMIER LANCER !
ENCORE UN FUMIGÈNE. CETTE FOIS-CI, JE NE ME FERAI PAS AVOIR...
BWOF
ZUD
RÉPULSION CÉLESTE !

BRAAAZ
ZUSH !
QUOi ?
LE SECOND ARRiVE DANS LE SiLLAGE DU PREMiER...!
HH !!!
HH !!!
J'Ai CiNQ SECONDES POUR FRAPPER !! C'EST PLUS QUE SUFFiSANT !!

NARUTO LES MEILLEURES CRÉATIONS DE PERSONNAGES DES LECTEURS JAPONAIS !

CETTE FOIS-CI, LE PRIX DE LA PLUS BELLE CRÉATION EST DÉCERNÉ À CE LECTEUR DU DÉPARTEMENT DE TOKYO QUI A SOUHAITÉ GARDER L'ANONYMAT !!

IL RECEVRA TRÈS BIENTÔT UNE ILLUSTRATION DÉDICACÉE DE SON PERSONNAGE REDESSINÉ PAR MAÎTRE KISHIMOTO !

LE DESSIN REVISITÉ PAR LE MAÎTRE !!

SÔMU

CETTE ATTITUDE DE BOUDEUSE EST VRAIMENT CRAQUANTE !

PSHHH...
442e épisode : LE DERNIER PARI !!
POUR-QUOI CETTE FOLIE...?
ZUUU
...
BZUM
ALORS COMME ÇA... TU ES ÉPRISE DE NARUTO ?

442e ÉPISODE :
LE DERNIER PARI !!

NARUTO

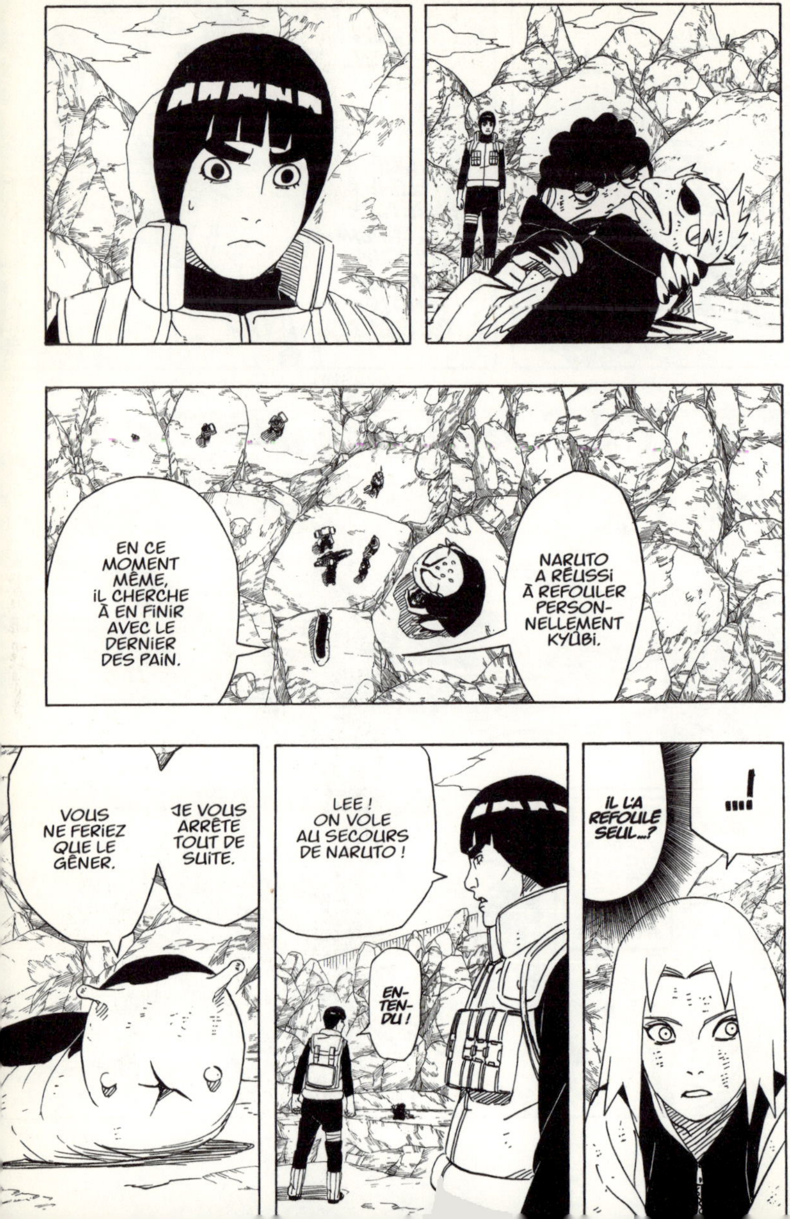
NARUTO A RÉUSSI À REFOULER PERSONNELLEMENT KYÛBI.
EN CE MOMENT MÊME, IL CHERCHE À EN FINIR AVEC LE DERNIER DES PAIN.
...!
IL L'A REFOULÉ SEUL...?
LEE ! ON VOLE AU SECOURS DE NARUTO !
ENTENDU !
JE VOUS ARRÊTE TOUT DE SUITE.
VOUS NE FERIEZ QUE LE GÊNER.

MAIS ENFIN...
... QUE PEUT-IL FAIRE FACE À UN ENNEMI QUI A MIS LE VILLAGE DANS UN TEL ÉTAT ?
LE MIEUX, C'EST DE LUI FAIRE CONFIANCE.
IL A UNE STRATÉGIE.
BRAZZZ
FWUM !
QUOI ? LE SECOND ARRIVE DANS LE SILLAGE DU PREMIER...!
DÉLAI AVANT QUE TENDÔ PUISSE RÉACTIVER SA TECHNIQUE : CINQ SECONDES.

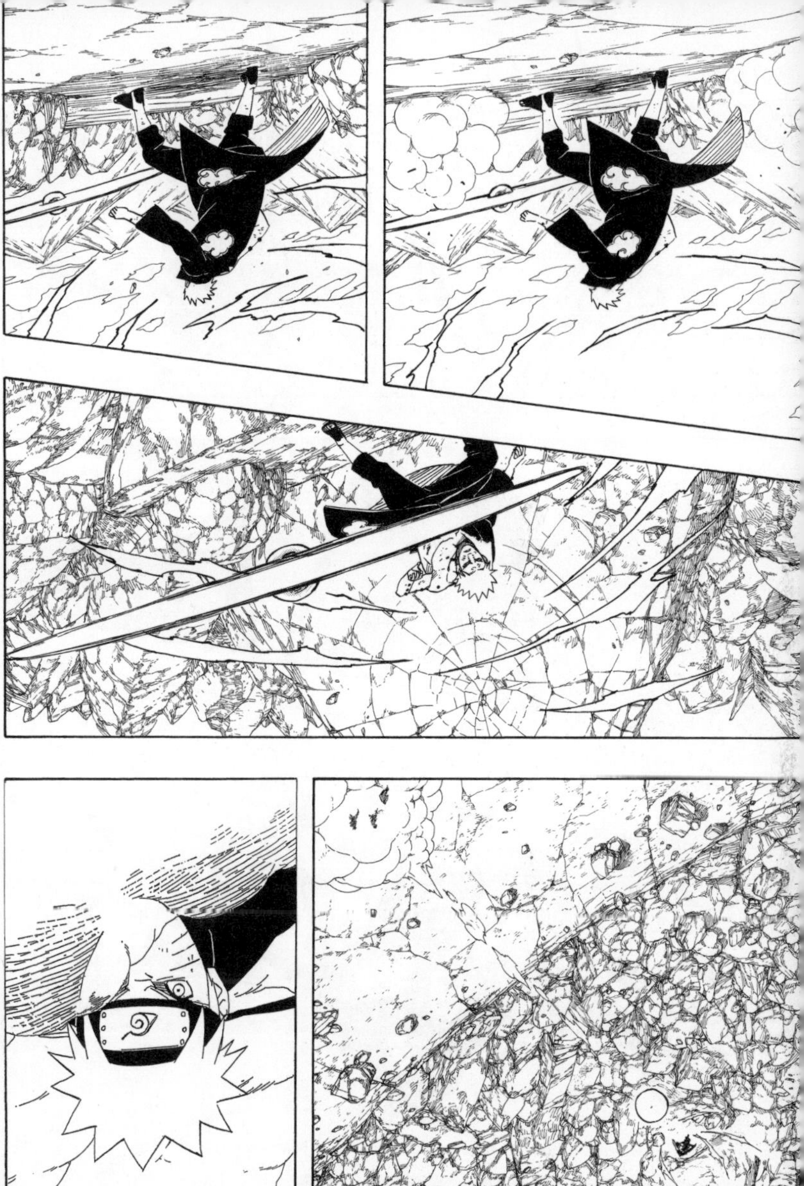

グサ
STASH
!!
グサ
STASH

KRUNK

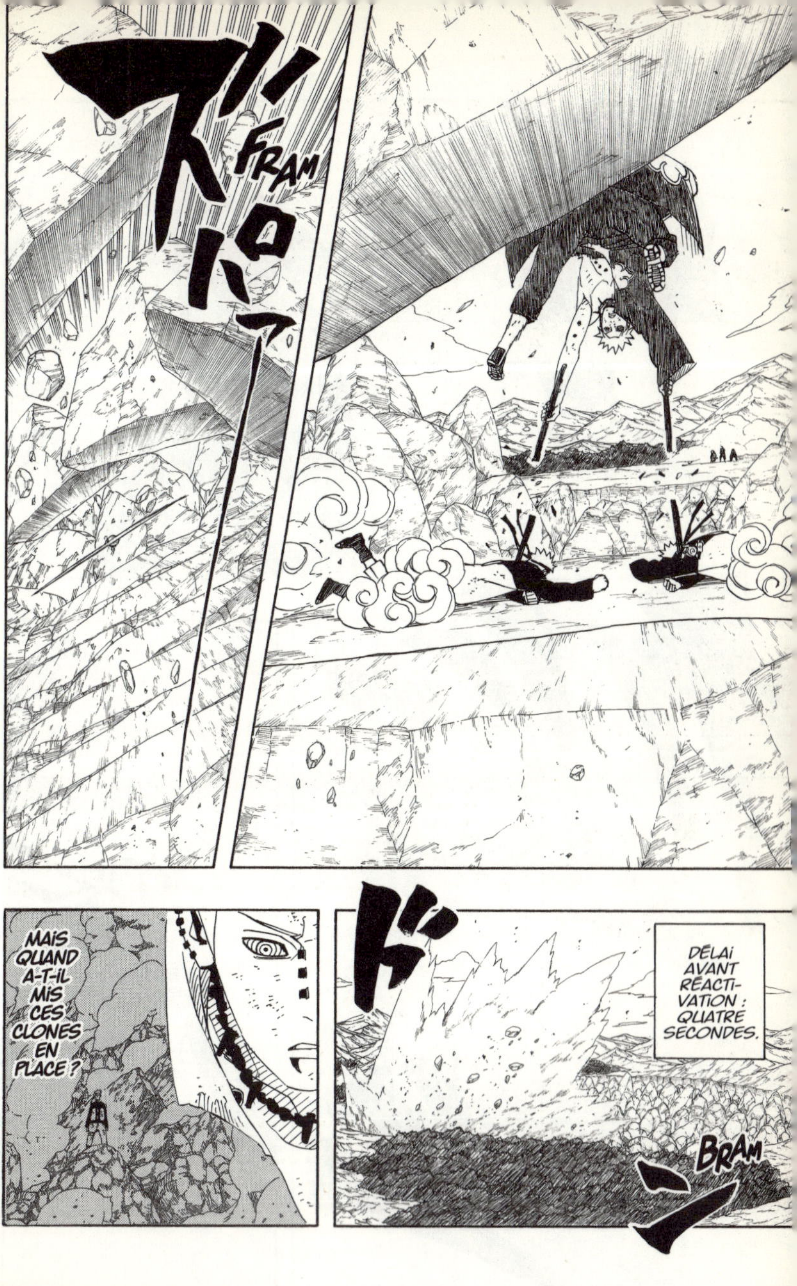
FRAM
DÉLAi AVANT RÉACTi-VATiON : QUATRE SECONDES.
BRAM
MAiS QUAND A-T-iL MiS CES CLONES EN PLACE ?

TROIS SECONDES.
HH
HH
IL A RATE SON SECOND COUP...
C'EN EST FINI DE LUI.
TAMP
VRAAC !
POOF POOF POOF POOF
?!
QUOI ?

STAD
STAD

STAP
STAP
DEUX SECONDES.
STAP
STAP

ÏL A MÉTAMORPHOSE CETTE ARMÉE DE CLONES EN DÉBRIS...
RAAAAAAAH!!

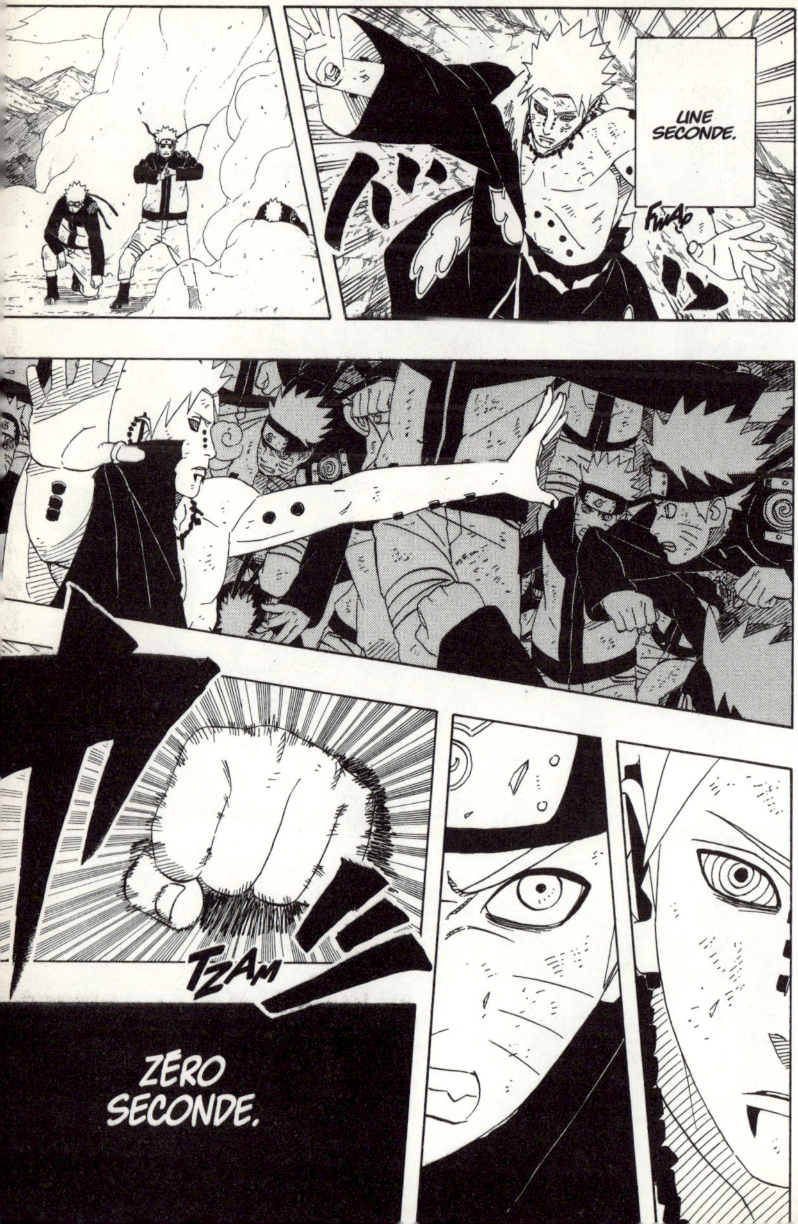
UNE SECONDE.
FWAP
TZAM
ZÉRO SECONDE.

TOMP
GWAGH!!
POF
POF
POF
POOF
STAK

BROOOOM
HUNG !!
BRALAM
IL S'APPUIE SUR SES CLONES POUR RÉSISTER À LA POUSSÉE DE LA RÉPULSION CÉLESTE...
KRIII...
TOI QUI N'AS PAS DE RÉPONSE...
... RÉSIGNE-TOI !!
BRRR
BRRR
HUMPF !
BRRR
BRRR

MAIS UN JOUR VIENDRA OÙ LES HOMMES SE COMPRENDRONT MUTUELLEMENT. J'EN SUIS PERSUADÉ !
SI JE NE TROUVE PAS LA RÉPONSE, C'EST À TOI QUE JE CONFIERAI CETTE TÂCHE.
JE SAIS QUE TU TROUVERAS LA RÉPONSE.
J'AI CONFIANCE EN TOI.
JE SUIS PERSUADÉ QUE TU ES LE SEUL SHINOBI... CAPABLE DE DÉPASSER HOKAGE LE 4e.
FFFFF
シュウウウウ...

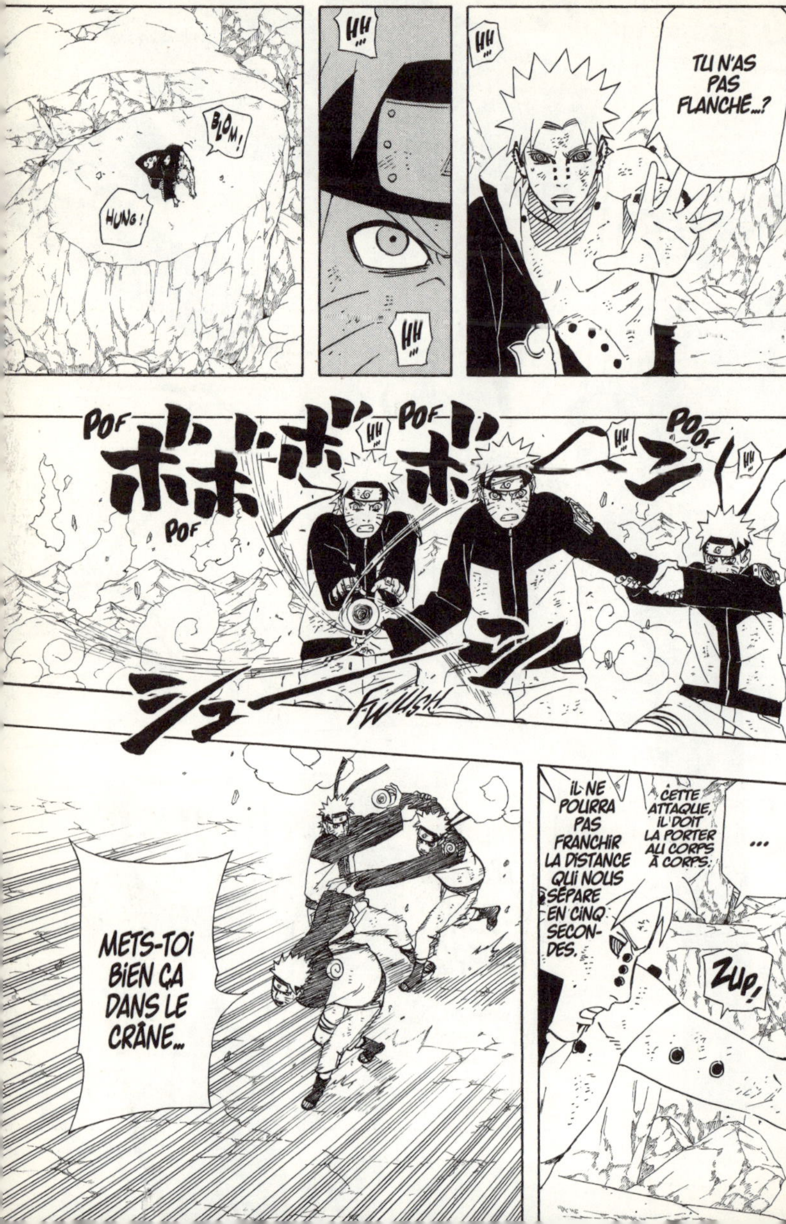
TU N'AS PAS FLANCHE...?
HH...
HH...
HH...
BLOM!
HUNG!
POOF
HH
HH
POF
HH
POF
POF
FWUSH
CETTE ATTAQUE, IL DOIT LA PORTER AU CORPS À CORPS.
IL NE POURRA PAS FRANCHIR LA DISTANCE QUI NOUS SÉPARE EN CINQ SECONDES.
...
ZUP!
METS-TOI BIEN ÇA DANS LE CRÂNE...

FWOOM
!!
... JE N'ABAN-DON-NERAI JAMAIS !!!

VOLUME 47 LE SCEAU BRISÉ !! (FIN)
Le tome 48 paraîtra en mai 2010

Ce manga est publié dans son sens
de lecture originale, de droite à gauche.

Ici, vous êtes donc à la fin.

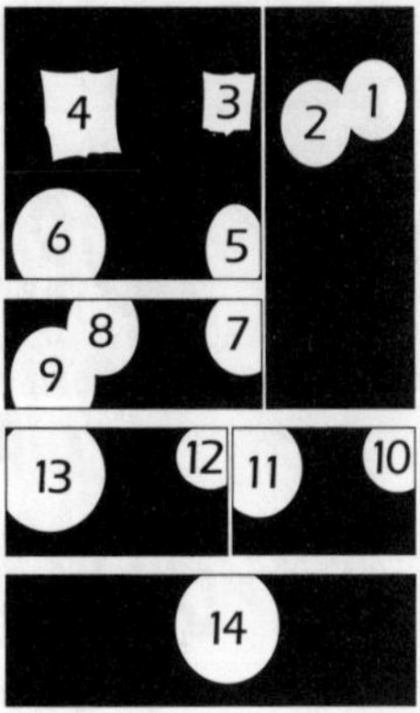

NARUTO

Dépôt légal d/2010/0086/79
ISBN 978-2-5050-0869-9

Conception graphique : Les Travaux d'Hercule
Traduit et adapté en français par Sébastien Bigini
Adaptation graphique : Eric Montésinos

Imprimé en Italie par LegoPrint - Lavis (Trento)